NFT – No Fungible Token

L'Arte di Guadagnare nell'Era Digitale

Funds Sage

Indice Dettagliato

Introduzione

Spiegazione dell'emergere degli NFT e il loro impatto sul mondo dell'arte, dei media e del collezionismo.

Capitolo 1: Comprendere gli NFT

Definizione e origine degli NFT.
Tecnologia blockchain e come supporta gli NFT.
Esempi significativi e casi di studio.

Capitolo 2: Creare e Lanciare un NFT

Guida alla creazione di un NFT.
Consigli per il lancio e la promozione di NFT nel mercato.

Capitolo 3: Investire negli NFT

Analisi delle strategie di investimento per gli NFT.
Discussione su rischi e opportunità.
Studio di casi di successo e insuccessi nel mercato degli NFT.

Capitolo 4: Il Futuro degli NFT e le Prossime Frontiere

Esplorazione delle tendenze emergenti.
Impatto degli NFT in realtà aumentata/virtuale, giochi blockchain, e metaversi.
Visioni future e impatto previsto sui vari settori.

Capitolo 5: NFT e il Mondo della Moda e del Design

L'incrocio tra NFT, moda e design industriale.
Casistiche di brand e designer che utilizzano gli NFT.
Analisi delle opportunità e delle sfide per il settore della moda e del design.

Capitolo 6: NFT e la Rivoluzione nella Musica

Conclusione
Sintesi degli impatti degli NFT e visioni sul loro futuro.

INTRODUZIONE

Nel vasto e intricato panorama dell'innovazione digitale, pochi fenomeni hanno saputo catturare l'immaginazione collettiva e stimolare un dibattito globale tanto quanto l'ascesa degli NFT, o Token Non Fungibili. Questi strumenti digitali, enigmatici per alcuni e rivoluzionari per altri, rappresentano non solo una nuova frontiera per la proprietà digitale ma hanno anche inaugurato una nuova era per l'arte, i media e il collezionismo.

La storia degli NFT inizia nei primi anni del nuovo millennio, ma è solo nell'ultimo decennio che hanno guadagnato la prominente visibilità che possiedono oggi. Il concetto alla base degli NFT è relativamente semplice: fornire un certificato di autenticità e proprietà unico per un bene digitale, registrato in maniera indelebile su una blockchain. Tuttavia, le implicazioni di questa tecnologia sono tutto fuorché semplici, sfidando le nostre concezioni tradizionali di arte, valore e collezionismo.

L'impatto degli NFT sul mondo dell'arte è stato, forse, il più evidente e discusso. Artisti che una volta lottavano per monetizzare le loro creazioni digitali hanno trovato negli NFT un mezzo per vendere le loro opere a prezzi precedentemente inimmaginabili, garantendo al contempo che la loro autenticità e provenienza rimanessero tracciabili e indiscutibili. Collezionisti, d'altra parte, hanno abbracciato con entusiasmo la possibilità di possedere pezzi unici di arte digitale, spesso animati o interattivi, che sfidano le nozioni tradizionali di ciò che l'arte può essere.

Ma l'influenza degli NFT si estende ben oltre le gallerie digitali. Nel mondo dei media, abbiamo visto la nascita di pezzi di giornalismo, momenti sportivi e clip musicali venduti come NFT, aprendo nuovi canali di revenue per settori in precedenza sfidati dalla digitalizzazione e dalla pirateria. Nel campo del collezionismo, oggetti da collezione virtuali, da carte da gioco a memorabilia sportivi, hanno acquisito una nuova vita e valore in questo ecosistema digitale.

Questo libro si propone di esplorare il fenomeno NFT in tutte le sue sfaccettature, dall'arte e oltre. Esamineremo come gli NFT stiano ridefinendo i concetti di proprietà e originalità nel mondo digitale, come stiano influenzando i diversi settori creativi e quali opportunità stiano creando per artisti, creatori e investitori. Attraverso questa esplorazione, speriamo non solo di fornire una guida comprensiva sul come navigare il mercato degli NFT, ma anche di offrire una riflessione sul loro significato più ampio per la cultura e la società.

Mentre procediamo in questo viaggio attraverso il mondo degli NFT, tenete a mente che ci troviamo solo all'inizio di questa nuova era digitale. Le possibilità sono tanto vaste quanto la blockchain stessa, e il futuro degli NFT è tanto eccitante quanto incerto. Quello che è chiaro, tuttavia, è che gli NFT hanno già segnato indelebilmente il tessuto della nostra vita digitale, promettendo di plasmare in modi ancora inimmaginabili l'arte, i media e il collezionismo nel XXI secolo.v

CAPITOLO PRIMO

Alla scoperta degli NFT

Nell'universo digitale in continua espansione, gli NFT (Token Non Fungibili) emergono come autentiche stelle brillanti, offrendo una nuova dimensione alla proprietà digitale. Ma per apprezzare veramente l'unicità e il valore degli NFT, dobbiamo prima immergerci nelle loro radici e comprendere cosa li rende così speciali.

Cosa Sono Gli NFT?

Gli NFT sono più di una semplice sigla misteriosa; rappresentano una rivoluzione nella proprietà digitale. In termini tecnici, un NFT è un asset digitale che rappresenta oggetti del mondo reale come arte, musica, giochi e video. Sono acquistati e venduti online, spesso con criptovaluta, e sono codificati con lo stesso software utilizzato per molte criptovalute.

Tuttavia, a differenza delle criptovalute, che mirano all'intercambiabilità, ogni NFT ha un codice digitale unico che lo rende irripetibile. Questa unicità è al cuore della loro attrattiva. Un parallelo nel mondo fisico potrebbe essere il possesso di un'opera d'arte originale: potrebbero esistere numerose stampe o copie, ma solo una persona può possedere l'originale.

Il Primo Boom degli NFT

Uno degli esempi più emblematici dell'ascesa degli NFT nel mainstream è stato "CryptoKitties", un gioco lanciato nel 2017 che permetteva agli utenti di acquistare, collezionare, allevare e vendere gatti virtuali come NFT. Per quanto possa sembrare banale, CryptoKitties ha avuto un impatto significativo, rallentando persino la rete Ethereum a causa dell'elevato numero di transazioni. Questo gioco ha non solo dimostrato il potenziale commerciale degli NFT ma ha anche introdotto un concetto più ampio di collezionismo digitale e di interazione con la tecnologia blockchain.

Arte Digitale e Oltre: Gli NFT nel Mondo Reale

L'arte digitale è diventata rapidamente uno dei settori più vibranti per gli NFT. Artisti e creatori hanno scoperto negli NFT un nuovo modo per monetizzare il loro lavoro. Uno degli esempi più noti è l'opera "Everydays: The First 5000 Days" di Beeple, venduta per una cifra sbalorditiva di 69 milioni di dollari presso Christie's, una delle case d'asta più prestigiose al mondo. Questa vendita ha non solo segnato un record per un'opera d'arte digitale ma ha anche evidenziato gli NFT come una forza potente nel mondo dell'arte.

Oltre all'arte, gli NFT hanno trovato applicazione in una miriade di altri campi. Nel mondo dello sport, per esempio, piattaforme come NBA Top Shot consentono ai fan di acquistare, vendere e scambiare momenti ufficiali delle partite sotto forma di NFT. Questi "momenti" possono variare da una schiacciata memorabile a un assist spettacolare, trasformando ricordi sportivi in collezionabili digitali.

La Tecnologia Dietro gli NFT

Ma come funziona esattamente la magia dietro gli NFT? Al loro cuore, gli NFT sono basati sulla blockchain, la stessa tecnologia alla base di Bitcoin ed Ethereum. Ogni NFT è essenzialmente un pezzo di codice, un token, memorizzato su una blockchain. Questo token contiene informazioni sull'asset digitale a cui si riferisce, inclusi i diritti di proprietà. Quando acquisti un NFT, stai acquistando il diritto di proprietà esclusivo su quel token unico, verificabile da chiunque grazie alla natura trasparente della blockchain.

Questa tecnologia non solo assicura che l'opera non possa essere duplicata o contraffatta ma permette anche agli artisti di inserire nelle opere dei "contratti intelligenti" che possono, per esempio, garantire loro una percentuale su future rivendite dell'opera.

Verso il Futuro

Mentre navigiamo in questo affascinante universo digitale, gli NFT continuano a spingere i confini di ciò che è possibile. Da opere d'arte che sfidano la nostra percezione della bellezza a innovazioni nel mondo del gaming, della musica e oltre, gli NFT stanno riscrivendo le regole della creazione e della proprietà digitale. Ma oltre all'eccitazione e all'innovazione, gli NFT sollevano anche domande importanti su diritti digitali, impatto ambientale e l'evoluzione del nostro mondo digitale.

Mentre procediamo in questo viaggio attraverso il mondo degli NFT, è chiaro che stiamo solo iniziando a graffiare la superficie di ciò che è possibile. Con ogni nuovo progetto NFT, si apre una nuova porta verso l'immaginazione, il valore e la connessione nel 21° secolo.

CAPITOLO SECONDO

Creare, Promuovere e Vendere NFT

Intrisi di potenziale e avvolti da un'aura di novità, gli NFT rappresentano una frontiera eccitante per creatori di ogni tipo. Ma come si trasforma un'opera digitale in un NFT vendibile? E una volta creato, come si promuove e vende nel vasto mare del mercato digitale? Questo capitolo esplorerà il processo dall'inizio alla fine, delineando passaggi pratici e offrendo consigli per navigare con successo nel mondo degli NFT.

La Creazione di un NFT: Un Viaggio Creativo e Tecnologico

Immagina di trovarsi davanti a un foglio bianco digitale, dove la tua creatività non conosce limiti. Ogni tratto, ogni pixel, ogni nota ha il potenziale di trasformarsi in qualcosa di unico: un NFT. Questa trasformazione non è solo un atto creativo, ma anche un percorso tecnologico che incarna il ponte tra l'arte e l'innovazione.

1. Scegliere l'Opera da Tokenizzare

Il primo passo in questo viaggio è decidere quale pezzo della tua creatività vuoi trasformare in NFT. Questo potrebbe essere qualsiasi cosa, dalla tua ultima opera d'arte digitale, una fotografia che cattura un momento irripetibile, un brano musicale che hai composto, fino a un'animazione che hai creato con cura. La scelta è immensa, e la decisione è profondamente personale. L'importante è che l'opera sia tua, un'espressione autentica del tuo talento e visione.

2. Selezionare una Piattaforma

Una volta scelto il pezzo da tokenizzare, il prossimo passo è selezionare una piattaforma blockchain che ospiterà il tuo NFT. Ethereum, con la sua vasta popolarità e supporto per i contratti intelligenti, è spesso la scelta prediletta, ma non è l'unica opzione. Piattaforme come Binance Smart Chain, Flow, e Tezos offrono alternative valide, ognuna con i propri vantaggi, come costi di transazione più bassi o un minore impatto ambientale. Questa scelta dipenderà dalle tue priorità come creatore: desideri la massima visibilità o sei più preoccupato per la sostenibilità ecologica?

3. Creare un Portafoglio Digitale

Prima di poter mintare (creare) il tuo NFT, avrai
bisogno di un portafoglio digitale. Questo agirà
come la tua identità digitale nel mondo degli NFT e
criptovalute, permettendoti di conservare sia i tuoi
token che le criptovalute necessarie per le
transazioni. Ci sono molte opzioni disponibili, e la
scelta dipenderà dalla piattaforma blockchain che
hai selezionato. Alcuni portafogli popolari
includono MetaMask, Trust Wallet e Coinbase
Wallet. La creazione di un portafoglio è
generalmente semplice e richiede solo di seguire
alcuni passaggi guidati.

4. Connettere il Portafoglio alla Piattaforma NFT

Con il tuo portafoglio pronto, il prossimo passo è
collegarlo alla piattaforma NFT che hai scelto.
Questo processo ti permetterà di interagire con la
piattaforma e di iniziare il processo di minting del
tuo NFT. La maggior parte delle piattaforme ha una
procedura guidata che ti aiuterà attraverso questo
processo, assicurandosi che la tua opera sia pronta
per essere trasformata in un NFT.

5. Caricare l'Opera e Mintare il Tuo NFT

Il momento è arrivato: caricare la tua opera sulla piattaforma e trasformarla in un NFT. Questo passaggio implica di solito il caricamento del file digitale, la scelta di un nome per il tuo NFT, e la descrizione del pezzo. Qui, potrai anche definire le royalties, ovvero una percentuale di vendite future che riceverai ogni volta che il tuo NFT cambia proprietario. Questo aspetto è rivoluzionario, poiché permette agli artisti di continuare a beneficiare del loro lavoro ben oltre la vendita iniziale.

Il processo di minting può variare in base alla piattaforma, ma generalmente include una tassa di minting, che copre il costo delle transazioni sulla blockchain. Questa tassa può variare a seconda della congestione della rete e della piattaforma scelta, quindi è importante considerarla nel tuo budget.

6. Riflessioni Finali

La creazione di un NFT è un processo che intreccia arte e tecnologia in modi che erano inimmaginabili solo pochi anni fa. Mentre trasformi la tua opera d'arte in un NFT, non solo stai creando un pezzo unico di proprietà digitale ma stai anche partecipando a una rivoluzione culturale e tecnologica. Con ogni NFT creato, si contribuisce a plasmare il futuro dell'arte, della musica, e della creatività nel digitale, aprendo nuove possibilità per creatori e collezionisti in tutto il mondo.

Promuovere e Vendere il Tuo NFT: Una Strategia Multidimensionale

Una volta creato il tuo NFT, il passo successivo – e non meno importante – è far sì che esso raggiunga il pubblico giusto e trovi un compratore. Questo processo richiede una combinazione di strategie di promozione efficaci e una comprensione del mercato degli NFT. Vediamo come puoi massimizzare la visibilità e l'attrattiva del tuo NFT.

La Promozione: Costruire la Tua Presenza Digitale

La promozione del tuo NFT inizia molto prima che sia pronto per la vendita. In un mondo digitale sovraffollato, costruire una presenza online solida è fondamentale. Questo significa essere attivi su piattaforme social come Instagram, Twitter e TikTok, dove puoi condividere la tua arte, il processo creativo e i retroscena della creazione dei tuoi NFT. Creare una narrazione intorno al tuo lavoro attira non solo potenziali acquirenti ma anche appassionati dell'arte digitale.

Partecipare a community online dedicate agli NFT, su piattaforme come Discord e Reddit, ti permette di immergerti in discussioni, di ricevere feedback e di connetterti con altri artisti e collezionisti. Queste community sono anche luoghi eccellenti per tenersi aggiornati sulle tendenze del mercato e per scoprire nuove opportunità di esposizione.

Strategie di Promozione Specifiche

Lanciare una Campagna di Teaser: Prima del lancio ufficiale del tuo NFT, crea anticipazione condividendo teaser e sneak peek del tuo lavoro. Questo può aumentare l'interesse e il coinvolgimento del tuo pubblico.

Collaborazioni e Partnership: Collaborare con altri artisti o influencer nel mondo degli NFT può ampliare significativamente la tua portata e attirare nuovi seguaci.

Eventi e Lanci Virtuali: Considera l'organizzazione di un evento virtuale o di un lancio live del tuo NFT. Questi eventi possono creare un momento di focalizzazione sul tuo lavoro e generare vendite immediate.

Vendere il Tuo NFT: Capire il Mercato

Quando arriva il momento di vendere il tuo NFT, comprendere il tuo pubblico e il mercato è vitale. Decidi se vendere il tuo NFT a un prezzo fisso o tramite asta. Le aste possono generare un maggiore interesse e potenzialmente portare a una vendita a un prezzo più alto, soprattutto se c'è già stata una significativa attività di promozione attorno al tuo lavoro.

Alcune piattaforme offrono la possibilità di impostare royalties, una percentuale sulle vendite future del tuo NFT, che ti garantisce un flusso di reddito continuo ogni volta che il tuo lavoro cambia proprietario. Questa è una caratteristica unica del mercato degli NFT che può offrire vantaggi a lungo termine per gli artisti.

Considerazioni Finali

Vendere e promuovere un NFT richiede tempo, dedizione e una strategia ben pianificata. Ricorda, ogni interazione conta. La costruzione di relazioni autentiche con il tuo pubblico e la community degli NFT può fare la differenza nel lungo termine. Mentre navighi in questo mondo digitale, mantieni la tua unicità e la tua voce artistica al centro di tutto ciò che fai. Questo non solo ti aiuterà a distinguerti in un mercato affollato ma creerà anche un seguito fedele che apprezzerà e sosterrà il tuo lavoro nel tempo.

CAPITOLO TERZO

Investire negli NFT: Strategie, Rischi e Opportunità

L'investimento in NFT è una frontiera affascinante che combina innovazione tecnologica, arte digitale e finanza. Questo capitolo esplora in modo approfondito come navigare nel mercato degli NFT come investitore, evidenziando strategie chiave, potenziali rischi e opportunità uniche. Data la natura emergente e altamente volatilie di questo mercato, è fondamentale avvicinarsi con un'adeguata conoscenza e un piano ben considerato.

Comprendere il Mercato degli NFT

Prima di immergersi nell'investimento in NFT, è cruciale comprendere cosa rende unici questi asset e come funziona il mercato. Gli NFT, essendo token non fungibili su una blockchain, rappresentano la proprietà digitale di un'ampia varietà di oggetti, dall'arte e la musica a momenti sportivi e collezionabili virtuali. La loro unicità e indivisibilità li differenziano dalle criptovalute e dagli altri asset fungibili, offrendo un nuovo modello di valore e scambio nel digitale.

Strategie di Investimento

Ricerca e Selezione: La base di un buon investimento in NFT è la ricerca. Investire tempo nell'esplorare varie piattaforme, artisti, e tendenze del mercato può rivelare opportunità significative. Valutare la reputazione dell'artista o del creatore, la rarità dell'NFT e la sua storia di vendita sono passi essenziali.

Diversificazione: Come per qualsiasi portafoglio di investimento, la diversificazione può ridurre il rischio. Invece di concentrare tutti i tuoi fondi in un singolo NFT o collezione, considera l'acquisto di una varietà di asset per bilanciare potenziali perdite e guadagni.

Partecipazione alla Community: Molte delle informazioni più preziose sugli NFT emergono dalle community online. Partecipare attivamente in forum, Discord, e Twitter può offrire insight unici e anticipare tendenze emergenti.

Rischi e Considerazioni

Volatilità: Il mercato degli NFT è noto per la sua estrema volatilità. I valori possono aumentare rapidamente, ma possono anche diminuire altrettanto velocemente. È importante investire solo ciò che sei disposto a perdere.

Liquidità: A differenza delle criptovalute, gli NFT possono essere più difficili da vendere rapidamente. La liquidità dipende dalla domanda del mercato, che può variare notevolmente.

Autenticità e Diritti: Verificare l'autenticità di un NFT e comprendere i diritti che consegue è fondamentale. Non tutti gli NFT conferiscono diritti d'autore completi all'acquirente, quindi è essenziale leggere attentamente i dettagli.

Opportunità Uniche

Early Access e Lanci: Partecipare a lanci di nuovi NFT o accedere a vendite anticipate può offrire opportunità di acquisto a prezzi inferiori, prima che raggiungano il mercato secondario.

Royalties: Alcuni NFT offrono royalties su vendite future, creando un potenziale flusso di reddito passivo per l'investitore.

Tokenizzazione dell'Arte e dei Collezionabili: Gli NFT stanno rivoluzionando il modo in cui l'arte e i collezionabili sono acquistati, venduti e posseduti, offrendo un'opportunità senza precedenti di partecipare a un mercato globale digitale.

Conclusioni e Riflessioni Future

Investire in NFT richiede una combinazione di ricerca diligente, strategia riflessiva e, non da ultimo, una passione per il mondo digitale e l'innovazione. Mentre il mercato continua a evolversi, mantenere un approccio informato e flessibile può aiutare a navigare in questo paesaggio complesso, sfruttando le opportunità e mitigando i rischi.

Riferimenti Bibliografici e Risorse Utili

Per approfondire ulteriormente il tema degli investimenti in NFT e rimanere aggiornato sulle ultime tendenze, si raccomandano le seguenti risorse:

- "The NFT Handbook: How to Create, Sell and Buy Non-Fungible Tokens" di Matt Fortnow e QuHarrison Terry, che offre una guida completa al mondo degli NFT.

- Articoli e rapporti di DappRadar e NonFungible.com, per dati e analisi del mercato in tempo reale.

- Il blog di OpenSea e il Centro di apprendimento di Rarible, per guide pratiche e consigli sulla navigazione nel mercato degli NFT.

Questo capitolo ha lo scopo di fornire una solida base di conoscenza per chiunque sia interessato ad approcciarsi al mondo degli investimenti in NFT. Ricorda, l'educazione continua e la cautela sono i tuoi migliori alleati in questo viaggio dinamico e stimolante.

CAPITOLO QUARTO

Il Futuro degli NFT e le Prossime Frontiere. I Real Word Assets

Mentre esploriamo il dinamico paesaggio degli NFT, diventa evidente che questa tecnologia non è solo una moda passeggera ma un'innovazione con il potenziale per trasformare radicalmente molteplici settori. Questo capitolo si dedica a esplorare le prospettive future degli NFT, identificando le tendenze emergenti, le potenziali applicazioni e le implicazioni di questa tecnologia per creatori, consumatori e investitori.

Tendenze Emergenti negli NFT

Il mondo degli NFT è in costante evoluzione, con nuove tendenze che emergono regolarmente. Alcune di queste tendenze includono l'integrazione degli NFT con realtà aumentata (AR) e realtà virtuale (VR), la tokenizzazione di asset reali e lo sviluppo di giochi blockchain e metaversi. Queste innovazioni stanno aprendo nuovi orizzonti per l'interazione digitale, la proprietà e l'espressione creativa.

NFT e Realtà Aumentata/Virtuale

Gli NFT stanno trovando applicazioni entusiasmanti nelle sfere dell'AR e della VR, offrendo esperienze immersive che uniscono l'arte digitale e gli spazi virtuali. Artisti e sviluppatori stanno creando opere d'arte NFT che possono essere esplorate e sperimentate in ambienti virtuali, offrendo un nuovo livello di interazione e coinvolgimento. Questo non solo arricchisce l'esperienza dell'arte digitale ma apre anche la strada a nuovi modi di collezionare e interagire con gli NFT.

Tokenizzazione di Asset Reali

La tokenizzazione di beni reali tramite NFT è un'altra tendenza in crescita. Questo processo implica la conversione di diritti di proprietà di beni fisici - come immobili, opere d'arte e persino prodotti di lusso - in token digitali sulla blockchain. Questa innovazione ha il potenziale di rendere la proprietà e il trasferimento di asset più efficienti, trasparenti e accessibili, democratizzando l'accesso a investimenti precedentemente riservati a mercati elitari.

Comprendere i Real World Assets Tokenizzati

I Real World Assets tokenizzati rappresentano la digitalizzazione e l'incorporazione di beni fisici nel mondo blockchain tramite NFT. Questi beni possono variare ampiamente, da immobili e opere d'arte fisiche a prodotti di lusso, metalli preziosi e persino diritti di proprietà intellettuale. La tokenizzazione trasforma questi beni in asset negoziabili sulla blockchain, offrendo una maggiore liquidità, trasparenza e efficienza nel trasferimento di proprietà.

Vantaggi della Tokenizzazione di RWAs:

Accessibilità: La tokenizzazione abbassa le barriere all'ingresso per gli investitori, permettendo loro di acquistare frazioni di beni che altrimenti sarebbero fuori portata, come l'immobiliare di lusso o opere d'arte di alto valore.

Trasparenza e Sicurezza: Utilizzando la tecnologia blockchain, la storia e l'autenticità di un bene possono essere tracciate e verificate in modo immutabile, riducendo il rischio di frodi e contraffazioni.

La tokenizzazione di asset reali rappresenta una delle evoluzioni più significative e potenzialmente trasformative introdotte dalla tecnologia blockchain e dagli NFT. Questo processo converte i diritti su beni fisici in token digitali sulla blockchain, creando un ponte tra il mondo fisico e quello digitale. La tokenizzazione può riguardare una vasta gamma di beni, inclusi immobili, opere d'arte, prodotti di lusso, e persino partecipazioni societarie. Approfondiamo questo concetto, esplorando le sue implicazioni, i benefici e le sfide associate.

Definizione e Meccanismo

La tokenizzazione trasforma i diritti di proprietà o di interesse su un bene reale in un token digitale sulla blockchain. Ogni token rappresenta una parte dell'asset tokenizzato, con la sua proprietà e transazione registrate in modo immutabile e trasparente sulla blockchain. Questo permette una frazionabilità, liquidità e accessibilità degli asset precedentemente difficili da ottenere. Per esempio, un edificio di grande valore può essere tokenizzato in migliaia di parti, rendendo possibile per un numero molto più ampio di investitori possederne una quota.

Benefici della Tokenizzazione

Accessibilità e Democratizzazione degli Investimenti: La tokenizzazione riduce le barriere all'ingresso per gli investimenti in determinati asset, come l'immobiliare o l'arte, che tradizionalmente richiedevano un significativo capitale iniziale. La frazionabilità dei token consente agli investitori di acquistare parti di asset a un costo molto inferiore, democratizzando l'accesso a opportunità di investimento prima riservate agli investitori istituzionali o ai ricchi.

Liquidità e Trasparenza del Mercato: Gli asset tokenizzati possono essere scambiati su piattaforme di mercato dedicate, migliorando significativamente la loro liquidità. La blockchain fornisce una registrazione trasparente di ogni transazione, assicurando chiarezza sulla proprietà e sulla storia dell'asset, riducendo il rischio di frodi e controversie.

Efficienza e Riduzione dei Costi: La tokenizzazione semplifica e automatizza molti processi legati alla gestione e al trasferimento degli asset, riducendo la necessità di intermediari e abbattendo i costi associati. I contratti intelligenti possono automatizzare pagamenti, dividendi, e altri aspetti legali e finanziari, rendendo le transazioni più efficienti.

Sfide e Considerazioni

Regolamentazione e Conformità: La tokenizzazione di asset reali si scontra con complessi quadri regolatori che variano notevolmente da una giurisdizione all'altra. Affrontare questioni legate alla conformità, alla tassazione e alla regolamentazione degli asset tokenizzati è fondamentale per il loro successo e adozione su larga scala.

Valutazione e Due Diligence: Determinare il valore di un asset reale e la sua corrispondente rappresentazione token richiede accurate valutazioni e controlli. Investitori e parti interessate devono esercitare la dovuta diligenza per assicurarsi dell'autenticità, del valore e della legalità dell'asset tokenizzato.

Tecnologia e Sicurezza: Mentre la blockchain offre vantaggi in termini di sicurezza e trasparenza, la tecnologia non è esente da rischi. Le preoccupazioni riguardano la sicurezza dei portafogli digitali, il rischio di hack e la perdita di token a causa di errori umani o tecnici. Implementare robuste misure di sicurezza è essenziale per proteggere gli investimenti.

La tokenizzazione di asset reali attraverso gli NFT offre un potenziale immenso per rivoluzionare il modo in cui interagiamo, investiamo e gestiamo i beni nel mondo fisico. Sebbene esistano sfide significative, l'innovazione continua e la collaborazione tra tecnologi, regolatori e mercati potrebbero superare questi ostacoli, sbloccando nuove opportunità di crescita, accessibilità e efficienza nel panorama globale degli investimenti. La strada da percorrere è complessa, ma le ricompense potrebbero ridefinire interi settori e democratizzare l'access o agli investimenti in modi precedentemente inimmaginabili.

Prospettive Future e Potenziale Impatto

Mentre procediamo verso un futuro in cui la tokenizzazione di asset reali diventa sempre più comune, possiamo aspettarci una serie di sviluppi e impatti significativi:

Rivoluzione nel Settore Immobiliare: Il settore immobiliare, tradizionalmente considerato illiquido e accessibile solo a investitori con capitali significativi, può essere trasformato dalla tokenizzazione. Gli investitori di piccola e media entità avranno la possibilità di partecipare a investimenti immobiliari, diversificare i loro portafogli e beneficiare di flussi di reddito passivo che prima erano fuori dalla loro portata.

Innovazione nel Mercato dell'Arte e dei Collezionabili: La tokenizzazione può aumentare la liquidità e la trasparenza nel mercato dell'arte, permettendo agli artisti di raggiungere direttamente i loro sostenitori senza gli oneri dei canali tradizionali. I collezionisti potranno acquisire e scambiare opere d'arte con maggiore facilità, e gli artisti potrebbero ricevere una quota delle vendite secondarie attraverso royalties automatiche, fornendo loro un flusso di reddito sostenibile nel tempo.

Accesso Democratizzato agli Investimenti: La tokenizzazione democratizza l'accesso a varie forme di investimento, consentendo a un pubblico molto più ampio di partecipare a opportunità che erano precedentemente limitate a grandi investitori. Questo apre le porte a una nuova era di inclusione finanziaria, dove gli asset di alta qualità diventano parte integrante dei portafogli degli investitori di ogni dimensione.

Impatti sulle PMI e sulla Proprietà Intellettuale: Le piccole e medie imprese (PMI) potrebbero trarre vantaggio dalla tokenizzazione per accedere a nuove forme di finanziamento, offrendo quote della loro azienda o dei loro progetti attraverso token. Inoltre, la tokenizzazione della proprietà intellettuale, come brevetti, copyright e marchi registrati, potrebbe fornire agli innovatori e ai creatori nuovi modi per monetizzare e proteggere i loro lavori.

Sfide da Superare

Nonostante il grande potenziale, il cammino verso l'adozione diffusa della tokenizzazione di asset reali è costellato di sfide. Oltre agli ostacoli legali e regolamentari già menzionati, la necessità di standardizzazione nel processo di tokenizzazione è critica per garantire interoperabilità tra diverse blockchain e sistemi. Inoltre, la fiducia nel sistema deve essere costruita attraverso l'educazione degli investitori e la dimostrazione di casi d'uso di successo che evidenzino i benefici tangibili della tokenizzazione.

Verso un Ecosistema Finanziario Integrato

La tokenizzazione sta aprendo la strada a un ecosistema finanziario più integrato, dove asset digitali e reali coesistono e interagiscono in modi che migliorano l'efficienza, la trasparenza e l'accessibilità. Man mano che la tecnologia evolve e supera le sfide attuali, potremmo assistere a una trasformazione radicale di molteplici settori, portando a un futuro in cui la proprietà e l'investimento in asset reali sono resi più fluidi e accessibili che mai.

In conclusione, la tokenizzazione di asset reali tramite NFT rappresenta un'opportunità rivoluzionaria per ridisegnare il paesaggio degli investimenti e della proprietà. Attraverso l'innovazione continua e la collaborazione tra tutti gli stakeholder, possiamo superare le sfide e sbloccare il pieno potenziale di questa tecnologia trasformativa, inaugurando un'era di maggiore inclusione, efficienza e trasparenza nel mondo degli investimenti.

Metaverso e Blockchain Gaming

Nel cuore dell'evoluzione digitale, i giochi blockchain e i metaversi rappresentano due delle aree più entusiasmanti e innovative, dove gli NFT stanno giocando un ruolo rivoluzionario. Questo sviluppo non solo sta cambiando il modo in cui interagiamo con i mondi virtuali ma sta anche ridefinendo il concetto di proprietà digitale, creando nuove economie e opportunità per creatori e giocatori. Esploriamo in dettaglio l'impatto e il potenziale futuro di questi ambiti.

Giochi Blockchain: Una Nuova Era di Proprietà Digitale

I giochi basati su blockchain stanno trasformando l'industria del gaming, introducendo un modello in cui i giocatori possono avere una proprietà verificabile degli oggetti di gioco sotto forma di NFT. Questo significa che, invece di essere semplici dati su un server di gioco, gli oggetti come armature, armi o persino terreni virtuali possono essere posseduti in modo sicuro dai giocatori, con la possibilità di essere venduti, scambiati o trasferiti attraverso diverse piattaforme.

Questa proprietà trasparente e indipendente dalla piattaforma cambia radicalmente il valore degli oggetti di gioco, trasformandoli in veri e propri asset digitali che possono aumentare di valore nel tempo. Allo stesso tempo, incoraggia una maggiore partecipazione e investimento da parte della community, dato che i giocatori possono ora contribuire all'economia del gioco in modo significativo e ricevere benefici tangibili per il loro impegno e le loro competenze.

Metaversi: Spazi Virtuali senza Precedenti

Parallelamente, il concetto di metaverso – universi digitali persistenti e interconnessi dove le persone possono incontrarsi, lavorare, giocare e socializzare – sta guadagnando terreno, con gli NFT che ne costituiscono la spina dorsale. Nei metaversi, gli NFT non si limitano a rappresentare oggetti di gioco ma abbracciano un'ampia gamma di asset, inclusi immobili virtuali, opere d'arte digitali, identità virtuali e persino servizi.

L'acquisto di terreni virtuali nei metaversi è diventato un fenomeno di investimento, con individui e aziende che competono per spazi in mondi digitali emergenti come Decentraland o The Sandbox. Questi terreni non sono solo spazi per esperienze virtuali ma possono anche essere sviluppati per ospitare negozi, gallerie d'arte, venue per eventi e molto altro, generando rendite reali per i loro proprietari.

Impatto Economico e Sociale

L'ascesa dei giochi blockchain e dei metaversi porta con sé una serie di implicazioni economiche e sociali. Economicamente, stiamo assistendo alla nascita di nuove forme di lavoro e opportunità di guadagno nel mondo virtuale, come la creazione di contenuti digitali, la gestione di eventi virtuali e lo sviluppo immobiliare digitale. Socialmente, questi spazi offrono nuove forme di interazione e comunità, superando le barriere fisiche e permettendo una collaborazione e un'esperienza condivisa su scala globale.

Sfide e Opportunità Future

Nonostante l'entusiasmo, ci sono sfide da affrontare, inclusa la questione della scalabilità delle blockchain, la sicurezza degli asset digitali e le implicazioni legali e di governance dei mondi virtuali. Tuttavia, le opportunità per innovazione e crescita in questi spazi sono immense. Man mano che la tecnologia matura e le best practices si evolvono, giochi blockchain e metaversi continueranno a espandersi, offrendo esperienze sempre più ricche e immersive e ridefinendo il nostro rapporto con il digitale.

In conclusione, l'impatto degli NFT su giochi blockchain e metaversi è profondo, segnando l'inizio di un'era in cui la proprietà digitale e le esperienze virtuali assumono un nuovo significato e valore. Man mano che esploriamo queste nuove frontiere, le possibilità sono limitate solo dalla nostra immaginazione, promettendo di portare innovazione e trasformazione in ogni angolo del nostro mondo digitale e oltre.

CAPITOLO QUINTO

NFT e il Mondo della Moda e del Design

Il capitolo 5 del nostro viaggio attraverso l'universo degli NFT ci porta in un settore affascinante e in rapida evoluzione: la moda e il design. In questo ambito, gli NFT stanno aprendo nuove frontiere per creatori, brand e consumatori, ridefinendo ciò che significa possedere, creare e interagire con la moda e il design in un mondo sempre più digitale. Esploriamo come questa intersezione sta generando un'onda di innovazione, sfide e opportunità senza precedenti.

Gli NFT Incontrano Moda e Design

Nel mondo della moda, gli NFT stanno emergendo come un potente strumento per brand e designer, permettendo loro di esplorare nuove forme di espressione artistica, di engagement del cliente e di strategie commerciali. Da collezioni di abbigliamento virtuale indossabili in metaversi, a pezzi di design unici che esistono solo digitalmente, gli NFT stanno aprendo il sipario su un'era di innovazione senza precedenti nel design.

Case Study: Gucci e l'Abbigliamento Virtuale

Uno dei primi esempi significativi di questa tendenza è stato l'ingresso di Gucci nel mondo degli NFT. Con il lancio di una collezione di abbigliamento virtuale, Gucci ha dimostrato come i brand di alta moda possano espandere la loro presenza in spazi digitali, offrendo ai consumatori nuove forme di espressione personale nei metaversi. Questi capi d'abbigliamento, non esistenti nel mondo fisico, sono diventati oggetti di desiderio, sottolineando il valore dell'esclusività e della creatività in forma digitale.

L'Impatto sui Designer e i Creatori

Per i designer indipendenti e i creatori, gli NFT offrono una piattaforma per sfidare le convenzioni del settore della moda, permettendo loro di sperimentare con design che sfidano le leggi della fisica o che esprimono idee impossibili da realizzare nel mondo reale. Questo non solo amplia il campo della creatività ma apre anche la strada a nuove forme di monetizzazione e riconoscimento del loro lavoro.

Innovazione e Sfide nel Design

L'integrazione degli NFT nel design va oltre la moda, toccando settori come il mobile, l'arredamento e persino l'architettura. I designer stanno esplorando come gli NFT possano rappresentare o incorporare design fisici, creando un legame unico tra gli oggetti fisici e le loro controparti digitali.

Monetizzazione e Autenticità

Gli NFT nel design offrono nuove opportunità per i creatori di monetizzare il loro lavoro e per i collezionisti di verificare l'autenticità e la provenienza di oggetti di design. Questo è particolarmente significativo in un'era in cui la copia e la riproduzione di design sono diventate problematiche comuni. Gli NFT, con la loro natura non replicabile e la tracciabilità garantita dalla blockchain, offrono una soluzione elegante a questi problemi.

are, we are responsible for what we do. I neither can hold somebody else responsible for what I've done, nor do I have the right to do so, conditions apply that I have some honor, some sense of responsibility and of course some self-respect. For I believe that, caring does not mean to make somebody laugh, but it is to do something to make the future of your loved ones as bright and as comfortable as possible, no matter your actions are willing or unwilling, comfortable or not, liked or hated, happy or unhappy, even if it costs you your future, your leisure's, your dreams your love, sometimes even your life.

I believe that every person lives with duel personality. It's our choice to decide, which one to adapt, the selfish one or the one that wants to fight for truth, no matter what the odds are, no matter who the odds are. It is only our childhood when we take the decision (detailed discussion on this topic is there in chapter 4), as to what kind of a personality we want to live like. Once the decision is taken, it's irrevocable (subject to very few, rare exceptions). Hence we should know who we really are. Ask yourself which one are you, "who is ME?"

Time for Rhyme

Finding Myself Today

I was never a person of excellence.
I failed myself to prove my innocence.
I had to keep mum, after hearing what they say,
I'm yet to find myself today.

I know why people point at me, again and again,
All my efforts to retaliate go in vein.
Sometimes I wonder, Am I insane?
I fear to make a fool of myself again.
Don't know why I don't open my mouth to say?
I'm trying to find myself today.

I know I have a nice brain,
But the duels of thoughts give me pain.
It confuses me when I play the game.
May be that's the reason people call me lame.
I must know what, where, & why to say,
I'm trying to find myself today.

I don't compromise with my principles.
Don't greed for luxuries of higher levels.
Always think about and wish for miracles
Yet can't control the way my thinking shuffles.
I always try to make others' day,
I'm finding myself today.

I never got what I wanted,
Never got appreciated for what I founded.
Things never happened as I counted.
All my attempts to succeed were pounded.
Don't understand at what level I stay,
Yet being alive, I'm finding myself today.

What Does This 'ME' Want?

A good example of "what does this ME wants?" will probably point out to your feelings about your superiors. Who they are? What they expect? What do they think? And all that stuff that goes in your mind when you think of what exactly you are wanting.

You never wish your superiors to shout at you, or get annoyed with you. And of course to achieve this goal you are consistently trying to impress them. Now think for yourself for a minute, What if the situation goes out of your grip? What if you are working willingly and very hard to get the attention of your superiors in a good way but what you reap is nothing but a great feeling of frustration? Things don't always turn the way as you expect them to. This is the point where you are required to get a hold of yourself and not to lose your cool. Unfortunately many people fail in this part only. Considering the fact that I am also a human being, I cannot let myself be counted as an exception to this, still what one needs to do is the very best to do anything and get the hell out of that annoying situation and make things turn in his or her favor. Everybody tries best possibly hard to do this but in the end nobody knows, what is there in your destiny? Choice always lies with you, and only you. It's only your decision, whether to face the situations or just keep avoiding them.

It is here, where one can see how you've trained the ME within you. The decisions are always made by an individual based on the point of equilibrium between ones emotions and the hardcore logical choices that could be made by one. Now here, sometimes the emotions prevail over the logical choices or vice versa. But that also depends upon the IQ (Intelligence Quotient) and the EQ (Emotional Quotient), which differs from person to person. Your character is nothing but a series of regular instructions that you give to your brain since the beginning of your life, may be since the time you started to think. It's like the treatment given by an individual to himself. Now I do accept that I just added a line in the beginning of the first chapter that, people get confused when they are asked about themselves, but what I mentioned just now, 'Your character is nothing but a series of regular instructions that you give to your brain', should ideally mean that if your character is your own creativity and yet some people fail to explain their creativity, their personality!

But it's neither in any kind of contradiction, nor the exception to the statement. Here comes into the picture, the fact that I mentioned earlier that, almost every person has a duel personality. The reason behind may be, what I feel, is scientific. I am not a hypnotherapist, but based on what I know, I, for you, for anybody on this globe who knows about hypnotism, can tell you that there are two partitions of human brain. One is called the cerebellum; the other one's called the cerebrum. One of these is the actual personality of yours which stays active throughout your day and makes you look the way you are. The other one stays, rather appears to be inactive, keeps storing all the data, what you feel, experience, see, smell, or touch, everything in the brain. This is what makes you what you are. The one part that you use for making quick decisions in your day to day life, its function is just to collect data and then pass it on to the other part which then processes it and then stores it in the brain. Your dreams that you see when you're asleep are nothing but a series of things the "so called" inactive or dormant part of the brain thinks about in the background. It is this one that designs your character. It may be experienced by you a lot many times that you want to have a cup of coffee even if you just had a meal. You could also wish to have some of the food that your colleagues are having in the party, and you also join them. But the best example could be of a smoker. Lot many cases are there when a person is strictly disallowed to smoke, but still the man can't just quit it, and wants to have more of it. The point here is not about the study of human brain biology, but about the area of interest and the level of importance given to any particular incident or thing in your sight.

What happens is that your active part of the brain consistently gives instructions to the inactive one, which stores the instructions and the incidents (depending upon the gravity) in certain location in the memory, making it available for us as and when required. But it also takes some time to search the entire brain, which contains all the memories since the time we got hold of our caution. Thus we take some time to remember some things. For example if I ask you the color of the dress your child was wearing two days ago... you could really get blank for a while. But if I ask you the name of the president of your country, you won't take much time to speak up. That doesn't mean that you don't love your child, but here the most important part for you is not the color of your child's dress, but the smiling face of the angel in your life. However you may manage to keep in mind what color dress looks better on your child, but not your child's clothing a couple of days back. Likewise, you will not be giving any attention to the color of the tie, the president of your nation was wearing in his last speech, but you sure could recall what he had said in his speech that time.

This is how the brain works. But, what it has to do with the "ME"? The fact that we actually can recall the things that we feel dearer or painful to us, things that we want to keep in our mind, reasons being any, but since they are important, you could hardly manage to forget and all this is done by none but this ME. You can only remember those things that this "me" tells you to keep in safe place (again depending upon the gravity of the incident). This includes all that you have felt, experienced so far in your entire lifetime. All good memories, bad experiences, the moments of joy, the incidents of sorrows. The overall gist of your life is taken into consideration by the ME and then the resultant output is your feeling of liking or disliking about a particular thing, it's your reaction towards any incident or commodity. In other words, this is the most important determining factor of your character. And this could probably be the very answer to the question "What does this ME want?"

Time For Rhyme

My Instincts

For me to follow them is one of the difficult things

I know it's tricky, but these are my instincts.

It's a part of my thinking,

That gives me firm backing.

They make me realize, what I'm thinking.

They make me complete things that I'm working.

On my heart, only these heal the cuttings,

Precious to me, these are my instincts.

People may call me bad,

But I never feel sad.

I never lose the courage that I had.

That's the thing that makes me glad.

Kids and elders always give me blessings.

Solely for the reason, that I follow my instincts.

People tell me, it's wrong, the way you see.

But they themselves don't know how to see.

People always try to show them,

But I tend always to prove them.

It's all about, as a struggler, my fighting's,

Cause I always follow my instincts

People can't see my sense of commitment.

But I know, what are my achievements

Nobody ever knows what I expect,

For the only reason that I respect

I share with myself, my own feelings.

Because I know it's tricky, but these are my instincts.

ME and the Science of Deduction...

I really don't have any idea about others, but I truly am a big fan of Sherlock Holmes, that television show on BBC. He and his entire theme of the deductions, eliminating all the impossible possibilities and then whatever that remains must be the truth. The actual thing that he does is that he keeps the snapshots of all the things that he encounters and then stores them in a safe place, the mind palace. Now has anybody of you observed what he exactly does? Probably we just got hooked by the cool, highly practical and reasonable logics that he gives, or the style which makes him a popular personality.

No doubt the things are presented in a very awesome way and the concept is also very impressive. But now we'll come to the ME. What do you think, what is deduction? Give it a try and then read further.

Thus only you'll be able understand the facts, the very reasons why you purchased or got this book to read.

As far as my view is concerned, I believe that, deduction is nothing but drawing some meaningful stuff, out of something based on the information you've gathered with respect to a particular topic. It may be a concept, a statement, a reference, a word or anything that has some meaning and some importance in your life. If you see a person wounded and bleeding, you immediately understand that, this particular human being is injured, but what do you do immediately is to try and give the best possible treatment that you feel best suited for saving that human, it might be possible that later you give it a shot over thinking if the event was an accident or some fight. Still here are some things that you consider before giving that man some treatment. One, you'll first see if the one injured is an elderly person or a youngster. Two, are any of the vital organs of this person injured? Three, what was the incident that made this person get injured. Four if the one injured is a young teenager is it a girl or a boy (for boys are usually held responsible for any accident in the first place, irrespective of the fact, whether they are guilty or not), or is a publicly liked personality. Then based on the scene, depending upon any other deductions possible, you come to a conclusion which is nothing but the so called "truth" of the scene that your senses approve.

Based on the above mentioned things one should be easily able to guess what I really mean by the term "deductions". Alright now what I really feel is that deductions are nothing but the meanings that are drawn out of the things seen, touched, felt, smelt or tasted. Deduction is nothing but information which may be important for you. For instance if you just see an old lady lying on the street with a basket of oranges asking for something sweet anyone can guess that the lady had been to a fruits shop to buy some fruits and she is a diabetic, as only in the case of a diabetes the patient needs to eat something that contains glucose or sugar to again get the blood sugar to the normal level (in these kind of events when the blood sugar level is collapsed) as these people can handle high sugar to a certain level but can hardly walk a foot if their blood sugar level is low. Also oranges are good for health and also recommended for diabetic people (based on what I've herd). Trust me, the next time when you see a person carrying oranges you'll first think if the person is a diabetic one, of course if that the person is an elderly human being, a senior citizen, looking for something that tastes good. I am saying this because now you know that oranges are recommended by the doctors for diabetic patients. And now since you have the information, you'll definitely pay attention to these details when you see something similar to this.

Getting back to the ME, I now give you the reference of the example that I gave you in the previous chapter. You couldn't recall the dress of your child two days back, but you certainly are able to recollect the speech of the president or the prime minister on the Independence Day long back. Now here the main part is the information in its literal sense. But here you know that the child is going to laugh if you give some special treatment or some special face expression that would make your child smile or laugh. You also know that the minister is going to add something to his speech, probably some promises to do something about the inflation, crime rate or any such thing which may be the points where you can catch him after non completion. Here you focus on the things that are of importance to you, and not the other things that you find useless or not of much importance. Here the main part is not what he has said or promised, but the main part is the information, not completely, but still, you had information, or probably, based on some logic of yours, you were expecting him to say something about a particular issue that is in the current affairs of your country.

Consider another example, a lady is asked to help the police find the guilty driver that dashed an old man and ran away, leaving that old man to die on the street. Many jokes have been made on this incident like, the lady saying "I don't remember the color of the vehicle nor did I look at the number plate of the car. But I am sure, I can tell you that the lady driving the car was very pretty and she was wearing a diamonds necklace that was one of the costliest jewelry sets of the famous jeweler's shop in the very heart of the city and were kept in the highly secured case in the exhibition where I've been today, just a few hours back, and that lady was also looking beautiful in the pink dress". Here the lady gave importance to the dress and the jewelry worn by the lady driving the car that hit the old man, but failed to recollect any details of the vehicle the lady was driving?

Think a bit over this and let yourself know what exactly could be the meaning of this? What meaning can you draw out of this incident? I request all the readers to please give it a try first and then read further.

I know most of you will not follow my instructions and keep reading through. Alright, here is MY answer now. The answer is simple. The lady, according to most of you was a dumb. But now comes the part of the positive thinking aspect what most of the motivators talk about. The lady said that the driver was a lady wearing a necklace from the exhibition. Sure that means one of the two things, one, there has been a theft in the exhibition which is either not reported to the police yet or this incident is still under cover as the lady was totally unaware of its theft, based on her statement, and two, either of the two necklaces, the one in the exhibition or the one the driver was wearing, was a fake. Now again there is a further possibility, if the one that the lady was wearing was not the fake one, definitely then the one in the exhibition was a fake and the original was stolen. Or if the one worn by the lady was a fake one then at least an attempt must have been made to steal it, as nobody would drive the vehicle in such a hasty manner without any reason. In any case, one thing is clear that there was some loophole in the security system at the exhibition. The next thing that the lady said was that the driver was wearing a pink dress. Now we can easily imagine that there was a lady in the exhibition that was wearing a pink dress. Since the jewelry was kept in a highly secured area we can definitely expect a CCTV surveillance system in the exhibition. One can easily understand that there has to be a CCTV footage that must have recorded each and every face that entered the exhibition hall, interested to see the beauty of the jewelry. So one can have those recordings verified by the lady and recognize the thief.

I do understand that all this was a childish activity. No real life case is as easy as the one that I mentioned just above. But the point here was to explain that, deduction is nothing but the information that we focus on. Now the main question is, what are the things, we focus on?

Our focus is defined by what we observe, feel, think and then finally like to do, work, act, express, collect or record. If you've confronted a sales person you can see the way these sales people don't utter a single word without reason. They talk to you in such a fashion that they understand your needs. If there's no need then they have the ability to create the need. (I mean no offence against any of the sales personnel, as creating the need in the mind of the prospect is the very need of the sales people, for them to survive. Even I was a sales person in my past, and attempted to do the same thing in my life.) There is a step by step procedure to this. One, talk to the customers about themselves, analyze whatever they say. Two, take out all that falls in your area of interest. Three, tactically convince the customer that he needs a particular thing, even if he doesn't. And four, the final step, "THE SALE". Here what I meant is that, whatever you focus on is only that which falls under the purview of your area of interest. Consider another example. You are driving a vehicle and having fun with it. Keeping the fact aside that it's the very first vehicle you've purchased from your own earnings, you are not interested in the way others drive their vehicles. All you understand is that you want to enjoy what you've earned. But, while driving on the road we do pay attention to the way the others are driving, reason being that you don't want your beloved vehicle be dashed by some lunatic, and then have some quarrels with him. Thus the way others drive their vehicles also becomes your area of interest, for the time you are up on the road. But one's you've parked your car in the parking area, you are relaxed that now your vehicle is one of the aspect you will not worry about till you again get back into it at the time of the way back to home. Then again you will try and understand the trends or the pattern in which people drive. This analysis of the ways in which others drive becomes your area of interest for at least twice every day, when you are going to office and when you are on your way back from the office. You also try to keep the track in your mind about the road conditions at a particular patch of the road which may be damaged and may cause some damage to your vehicle.

The point here is that you keep things in mind only when they are in any connection with you or any of your person or property. The very need of knowing or having the information about a certain something gets stored in your brain only if you feel it's somehow related to you or, things or people around you. Based on the information that you have, you guide people around you to do certain things when they are up to something you're already aware of. On that kind of an occasion nobody needs to tell or ask you or anybody, to check if you have some information pertaining to the topic of discussion, you just speak up even if you are not asked for. You will speak because either you do not want the next person to suffer what you did or you want someone to fall for something you did (if the person is not in your good books). Whatever the scene is, what matters here is that you take some action to guide or help someone or otherwise. However one should know that one cannot speak until he or she has some information about the subject matter. The main reason why you had that information was either you have experienced the consequences or you kept the info so that you can use the same if you ever happen to get a chance to do that again and thus you gave some importance to it. Thus this may reduce the definition of a super memory from some complex formula of story making or a mind palace to keen eyesight that records every aspect by observing all the minute details of every single aspect of something.

The importance of this chapter or the basic need to introduce the SCIENCE OF DEDUCTION is restricted to only and only concept of self-satisfaction. If anybody approaches you for some information and you give it, you feel a bit worthy for that person, as many people want respect from others in a way that you feel that the other person is giving you more importance than what he or she used to give previously (detailed discussion on this topic and its relation with stress busting, is there in chapter 4). Hence some people tend to keep a track of every aspect of life, business, a relationship, an art or scientific principle. Thus makes a person feel like a VIP. Hence the need to be a wannabe makes one greedy for the information. May the need be social, personal, political or any other. Now it's up to us, how we see ourselves, how we make our ways, and how we help or pretend to help others. And so is my statement here. Whatever you observe, how you observe and what's the yield out of that, these three things define your character, and thus the wants of the ME inside you. You are the judge. The final decision is only and only yours to decide, "What does this ME want?"

Time For Rhyme

Prefer KNOW to NO

I just know, why and where to go.

Before whom I should stay low.

That's the thing that makes me glow.

Because I prefer KNOW to NO.

To achieve something, one must work hard.

Never losing the faith that god is there to guard.

Wait for the right time to use your trump card.

Otherwise from the game, you will be barred.

Simplicity is the thing for which, people never go.

Because they never prefer KNOW to NO.

People now days don't want to wait.

After losing a lot they say that they were late.

While facing the situation they lose their weight.

That's the real thing that I really hate.

So wait for the right time to make a blow.

That's why I prefer KNOW to NO.

Nothing is achieved without any suffering.

Not all winners enjoy everyone's caring.

Meanwhile, don't keep your work lingering.

About the available opportunities, you'd be
wondering.

To swim against, first understand the river flow.

Winners understand this, for they prefer KNOW
to NO.

Nature of Will Power and Death of a Character

As it is rightly said that an empty mind is a devil's workshop, being a social animal, human beings are required to keep themselves engaged in some or the other activity. If one does not, the individual either becomes lazy, uninterested in doing anything for anybody or mentally unstable. This instability may, in rare cases, be constructive, however mostly it could be either destructive or depressive. In either of these cases, one thing is for sure; the overall personality of the sufferer perishes and then starts a scenario of slow poisoning to the basic character, which will be discussed later in this chapter. The person suffering becomes, either obsessed with some evil thoughts or a self-blaming paranoid. I suggest you all to observe the ways successful personalities behave. How they talk, how they behave, how they look at something or someone.

My statements may be in contradiction with yours, as it forms a different part of the human personality. May be a difference of opinion, but I personally feel that, majority of the general public is copycat. They get hooked by just looking at the successful personalities (they like or feel worthy of mimicking), their style, their dressing sense or their way of communication. But they just do not take enough efforts to think as to how a person gets habitual to that style, that sense of other things like dressing or speaking, may it be public or in a group of friends, whatever. And this drives them through the road of the so called "Sophisticated Public Appearance with Acceptable Standards", personality development in other words. Successful people live their life the way they feel correct to them, and this gives rise to the need to idealize a person and try to act, talk and behave and in some advanced and remarkable cases, "To Think" like that ideal personality does. By doing so an individual may be able to achieve some success, yet not the complete potential of the person he or she so praises. It's like colors. A fully concentrated color always looks active, but when it is mixed in water it splits and gets diluted, again in some cases this diluted color may look great, but if that diluted color is again added to some clear water it may not look as active as it was previously. Successful people, however do just the opposite. They design their character. We've often seen, and said that a successful person usually comes from a poor family or has done a tremendous struggle in his or her life. For example we know Baba Amte,

Mother Teresa, Shivaji Maharaj, Dhirubhai Ambani and last but not the least, our prime minister, Mr. Narendra Modi. All these famous people have done a lot of struggle in their life, but they never tried to copy anybody. They made their own ways to live their legendary life and made it through many hardships.

Still if we observe carefully, we may notice three things that are common in all of them. One, they were all well-disciplined and strict with respect to their discipline and the rules THEY DECIDED to follow in their lifetime. Two, they NEVER LOST THEIR COMMON TOUCH. Third and most important of all, THEY NEVER LOST FAITH IN WHAT THEY WERE FIGHTING FOR.

They just did what they thought to be correct only and only after a lot of thinking and deep research as to why they had to do what they did (in other words, they did everything that was within the purview of the rules, regulations and the principles they followed). They decided what they needed to do in order to achieve a certain specific goal. But everything they did was all in accordance with their convenience and the needs of their voyage to their dream destiny. This everything includes the way of communication, the dressing sense and even their daily routine. This, we can say, driven out their sense of responsibility. For example, Shivaji Maharaj was a warrior. He used to wake up every day early and used to do some work out in order to stay fit and healthy for any battle situation at any time. Since he was a king he had prestige to maintain. His living was decent but was strict at the same time. His language was sophisticated, yet, whenever he happened to communicate with any villager he used to change a few basic accent variations in his language and talked as if he was one of them. They always considered everybody as a part of their family.

This self-realization or the feeling of being a dedicated and designated part of a system which may result in making a daily schedule of certain activities in such a fashion that a person should be able to do any respective task at any point of time of his or her lifetime, this according to me, is the sense of responsibility for whatever that individual has decided and has put his entire faith in. This sense of responsibility determines how you need to talk, how you need to behave and present yourself before anybody. We can never expect any college student to cry like a small toddler for a chocolate. We can certainly not expect a toddler to speak or enlighten someone on any particular topic.

One also could easily observe that there is a dress code for almost all of the professions. School children wear uniforms, police officers, sales people, lawyers, all kind of professionals have a similar (kind of) uniform for their respective professions and their language is very specific with respect to their profession. The Typical Information Technology sector is the only one that I found where (subject to some exceptions) all the individuals are focused only on their work and not their appearance or social connectivity (I may be incorrect. All that I have mentioned is based on what I've observed). But we should understand that it is their professional need. This professional need is a part of every ones basic responsibility.

Responsibility may be moral, social, personal, official, domestic, and towards country. Your work place demands that you go to the office every day at a fixed time and not late and must have fulfilled minimum required appearance criterion like clothing, your gear (if any) that you use in your profession. Yet there is another term you never forget, PRIORITIES. We get up, we dress up, we go to our work places we do our job and come back to our place, end of the story. Yet, gods forbid, but in case if anything goes wrong at your place and you are immediately required to apply for a half day or a leave and rush back to your place. This is the point where you decide what's more important, Responsibility or Priority. Priority can be of various kinds. May be a professional and may be a household, may be a priority in your various tasks at the work place or even it may be a personal one. I may sound like a fool or funny to some of the readers, but please imagine a day, you get up, you dress up, you go to your job and once when you hit the lunch table with your superior authorities, one thing strikes your mind "Oh man, I forgot to brush today?" What the......

That was a bad example, I know, yet I urge you to please imagine this scene once. We do everything which is important still sometimes, as it is well said, Small Things Make Huge Differences, if once we miss on doing such small things I believe you can understand what could happen in the worst case scenario, of course depending upon the situation. The incident and the activity you missed may however be not of much importance, but its consequences are.

There should be a clear distinction between your responsibilities and your priorities. Even in your job, when you are at some campaign and there are certain tasks that are required to be done which may or may not be a part of your campaign. I once happened to notice this difference when I was working as a customer care executive, sales, for a real estate company. My immediate superior had to catch flight for Dubai for some important business tour. It so happened that there was a task at hand and I thought it should be looked in to by him and notified him accordingly. It was a prospect I had convinced for a site visit and wanted to see the site on that very evening. My superior had to leave that evening but still he had a talk to that prospect for approximately an hour. All business, he decided to meet the customer on the site. While he was leaving the office I asked him if he could've postponed the meeting for he had to catch a flight. He simply replied that his flight for Dubai was important, but meeting that prospect and making him a customer was necessary.

I invested a lot of time to think over it and I came to know how successful people think how they like doing a few things and most importantly what they do to keep themselves engaged in some or the other activity. I also tried to analyze as to how they find time to get themselves out of the hectic and tedious working hours and get some relaxation. The answer may vary from person to person as mentality (common sense actually, as it's the common sense only that allows a person to make choices, may be rational, may be irrational) and situational mindset of every individual is different, for as I mentioned in the previous chapters about the training that the ME gives. The answer according to me was that they always have a clear distinction between their Responsibilities and their Priorities.

Once I happened to be with my superior he smoked, but before he puffed for the first time he offered me if I liked to have a cigarette. I said no for I don't smoke. He then continued talking about my personal life, shared a few things about himself. Suddenly one important thing about a customer's feedback about the site visit struck my mind. I tried to tell him about it but he requested me never to bring business when you are not on your chair. I was confused. The man who chose to meet a prospect even when he had a flight to catch, the same man refused to talk about business? When we got back to our work place the first thing he asked was, "what did that customer say?" I simply replied, "The customer was an old man and appreciated your approach while site visit". He again asked, why did I not tell him about it before and I coolly responded, "I was disallowed to talk business while on break" and there was a professional laughter on the floor. Everybody took this on a casual note but not me.

I kept this noted within my mind until I reached my bedroom and thought for a very long time on this. The answer was very confusing to me, yet meaningful. People say do anything you want, but with your whole heart. But they never tell "How to?" I attempted to figure it out in my own way, which actually worked on me.

We tend to do our job throughout the day and then we become so involved and so habitual to it that we start looking into everything with the perspective of our job profile and the industry we're working in. May it be personal life or romantic or social life. Being human we either mold ourselves in a pattern that is designed by our daily routine, mostly official or we tend to feel monotonous when we keep experiencing the same thing over and over again for a fairly long time (again it differs from person to person according to the level of patience). And to get rid of this monotony is many times hard for the sake of job without which you can't carry yourself and your family. That's why there's a productivity issue with some individuals. If you analyze them, you may easily come to know that they do their job because they need a mean to carry out themselves as well as their families. They do the job only for getting necessary amount of money to carry their necessary monthly expenses. Actually they never like their job. That reminds me of the words of an old friend, "Love your job, not your company. Because nobody can fall in love by force and if anybody does that then it definitely isn't love, it's either unwilling or under pressure, and is equivalent to death."

Engaging yourself does not mean that you should continuously be working or earning money. Getting up and ready for the office work, driving up to your office, doing your job, coming back to home, this is all your daily schedule which constitutes a major and immensely vital part of your life. Still one of the most important aspects of one's life is a STRESS BUSTER. Unless you release yourself from the hectic job you do every day you will never get energy to start a new day with a good and positive attitude. Even body needs rest in the knight. When you sleep, your mind also deserves a rest after so much dedication and so much involvement in the job. Almost all of the things that we do on our respective jobs everyday require mental strength and by the end of the day you understand that your mind is now feeling so tired that you must leave whatever tasks at hand you have and call it a day. But what's most important is that what you do after that? Some sing song, some drink alcohol, some go for some shopping etc. This so called stress buster also has a crucial role to be played not only in designing the kind of a personality you could be, but also about the life expectance of an individual. Consuming alcohol, watching movies, going out for party all these are common ways of busting your stress level. Yet according to me the best method would be doing something that you may like to do as a hobby, something that has the potential to make you happy. It may be playing your favorite instrument. Writing some article which may be published in a newspaper, joining a singing class, writing poetry, going to some game club like swimming, chess, tennis, badminton for instance, could help. But these are just my opinions. Choices may differ from person to person. I suggested these or rather these kinds of stress busters for a few good reasons (according to me);

1. They make you creative by nature.

2. You get an add on weightage to your personality.

3. It actually distracts you from getting yourself caught in to a self-destructive pattern.

4. By getting involved into something creative gives you the capacity to get on and off at any time.

5. Lastly and most importantly, it gives you the ability to think in a different way.

Now let's discuss these five points in a bit detail

1. They make you creative by nature

I've observed, for stress busting, many people go for outing or have alcohol with their respective friends. They drink, they drink a lot and even when they are on the verge of puking they keep yelling rather, complaining about how their life has been and even now is unfair with them. They just keep talking about the same trash again and again they actually wanted to go away from. They don't even understand that they are giving more importance to their problems more than the activity they are doing for a stress busting. Just to get themselves out of that horrible tragedy of their official issues or any household issues, by doing so the very need for having alcohol gets nullified, one thing. Part two of the same thing is affecting the health of that individual adversely. In other words, some people, instead of getting out of some terrible situation, they get into the same trouble they try to get rid of and not just that, they stuck even deeper into it.

Instead, doing something creative actually makes you forget even yourself. Rest of the nonsense stuff stands nowhere once you get into something you love to do from the depth of your heart. Even while doing so, you don't even have any sense of the time for which you've been doing that activity. Not only that, but you also could experience an unbelievable satisfaction after you've done your practice. The tendency of any individual, then changes from doing something foolish to doing something creative which eventually helps in the work place as well. After inculcating any such habit for releasing your stress levels, you tend to get a mental stability which then makes a person calm. This calmness of thoughts gives an individual the ability to analyze and then troubleshoot in the best effective manner. It also helps you think out of the box and take some steps that you may implement in your work place and may yield better results. Even if not better, at least it'll help to make the overall atmosphere of the office filled with positivity, making everyone have a good mindset while coming to the office with a better and positive work culture. Making you a person who is not only creative but also is able to understand the situation and making use of the available resources could give the best possible solutions to any professional or a personal problems to everyone. That also makes you a true human as once you inculcate the habit of helping, you tend to be selfless and a true human.

2. You get an add on weightage to your personality

Being an expert at what you do in your daily life makes you mechanical. I don't know why, rather how some people make their day and stay satisfied only by doing what they do throughout the week. Many of the famous personalities never let their hobbies die, or should I say, they always try to keep their hobbies alive. Even dictators like Hitler and Stalin had their own set of hobbies. Hitler liked to shoot as many of his own photographs as possible before going to deliver any speech. Stalin on the other hand was fond of music and he even used to make some poems of his own. These were butchers. They were bad, the worst humans ever, yet one thing cannot be denied that the tasks they were doing required extra ordinary attention in order to get success, no matter what or how their way was.

For any plan, strategy, war, or game anything to be in one's favor, one needs to be attentive at every moment possible. But we all must consider a break. Even machines break down. We're human. We have limitations too. Unlike machines human body parts are not replicable

On the contrary if you indulge into something that you like, it will give you an opportunity to impress people around you through the additional qualities you have acquired, through your most favorite stress buster. For instance, consider a situation where you are on a picnic and irrespective of your profession, if you've learnt an art, playing guitar for instance. You could start playing a guitar and create an atmosphere so that everyone's eye is on you. People usually tend to give respect to people they recognize as a special person.

Usually being human, people tend to overlook the facts or people that just cross their way without any interaction with them and that too for the same good reason that I mentioned in chapter 3, the information of their interest. As I mentioned there in chapter 3 that a person usually tends to keep in mind all the things that he or she comes across AND they are of some interest to him or her. Likewise, if the any political personality, while making any statement never keeps a record in mind about who's listening, but the president for sure cares for what people are listening. Similarly if you come across a situation where a person is doing something unusual for any human, you pay more than normal attention to it. However you tend to respect that individual more if whatever he or she is doing is worth appreciation. You either may like it or not, but you may keep it in mind for all time. Likewise, on a picnic if you are creating an atmosphere using your guitar skills you will earn the respect of the people around and also you will be remembered by everyone for the unexpected joy you've given. Thus your stress buster could actually add stars to your overall personality making you the center of attraction.

3. It actually distracts you from getting yourself caught in to a self-destructive pattern

As it is rightly said in Sanskrit "Vinash Kale Viparit Buddhi", which literally means, wrong mindset at the time of extinction, a person thinks in a wrong direction when he or she realizes that there is no way out and in that confusion, that person tries to do the right thing but ends up taking the wrong steps or decisions that eventually leads him or her to nowhere but failure. Some people are very proud, yet they know their line of limit for everything. Some are so proud that they don't even understand when exactly their pride has been transformed in to ego. These two terms "Pride" and "Ego" have a very thin line that differentiates one from the other. Pride comes when one tries to maintain the name, the fame, the dignity, the honor of one's family or him or herself. This "maintaining name, fame, dignity and honor" involves the unforgettable fact of preventing something or someone from any damage or shame and hence drawing a limit line for all the actions which <u>must</u> <u>never</u> be crossed, is necessary. Ego on the other hand tries to rub out that line and leans towards dictatorship. The extreme creation through your

'SELF' by the "ME" in you. The distinction can be explained with a very simple example.

Once during a raid, the soldiers of Lord Shivaji Maharaj captured a great treasure of gold, silver and huge chests of precious stones and many more valuables. Along with that treasure the daughter in law of the Mughal minister of Kalyan was also captured and brought before the great king Shivaji Maharaj by his Mavale ("Mavale" is the name given to lord Shivaji's army). Those were the days when females were raped and treated with brutality during such raids and wars. Yet Lord Shivaji, despite capturing the lady of his arch enemy, called her mother and respectfully sent her back to her homeland with gifts, like those given with respect to honorable guests. It may be that lord Shivaji had a reputation to maintain and so he let that beautiful lady go. Yet he also had to maintain the decorum and the discipline that he had inculcated and also observed that the same was followed by all, including his soldiers, subjects and the ministers as well. This was his pride. Yet one thing here can never be disregarded. During this raid, lord Shivaji was not a part of the action but still none of the soldiers even touched that lady. That was the code of conduct according to lord Shivaji's law for everyone. This was the way those brave hearts maintained their honor and thus made lord Shivaji a legend. Of course some anti-social and destructive minds always prove themselves unworthy to understand the meaning of this overall incident as they fail to understand the meaning of the words like respect and honor (of oneself and of others' as well).

On the other hand the erstwhile emperor of Delhi Aurangzeb, imprisoned his own father, killed his own brothers and their children and became the ruler of the Mughal Empire.

In both the examples one can easily understand the difference between pride and ego. At one place a man respected even his enemies, because of the teachings from his mother Jijausaheb and his mentor in politics, Dadoji Kondadev, for the sake of his honor and his discipline that he wanted to be followed by everybody in his kingdom, he not only refused to trouble the pride of that woman, but also respected her like an honored family member. In the other example a selfish and blood thirsty maniac killed his own brothers so that he can become the king and that too under the bullshit of religious sanctity. One safeguarded the sanctity of the person of the enemy and other destroyed his own blood bonds just to satisfy his personal ill wishes.

This act of satisfying the want of oneself (usually accompanied with) "NO MATTER WHAT" defines the egoistic character, while when the same "NO MATTER WHAT" is implemented by one to be within the limitations yet not losing the honor and dignity reflects Pride.

Now the main question here should be 'what's the need of all this in here?' Well, this was just a difference between ego and pride as understood by me. However, based on what I've observed, people with great ego never take into account anything beyond their own selfish wants, comforts and/or pleasures or the satisfaction of being the authority and they want to get things they want at any cost. This is the time when such egoistic people try to ignore their advisors. They forget that if a person falls sick, a dose of required medicines is necessarily needed to be administered. Not necessarily the medicine is sweet. It may be bitter or if a medicine is needed to be injected, it actually hurts when the needle pierces through the skin. Yet it's all for the sake of one's health, and sometimes with certain restrictions on your diet, which if not followed one is shortening his life by his own behavior.

Similarly if an individual is completely blind by his or her ego, that person tends to neglects facts which may be important yet not liked by him or her and disregards them completely and gets into a series of actions which eventually turns out to be a self-destructive pattern and thus inviting trouble for no good reason. And that's exactly what I meant by 'Vinash Kale Viparit Buddhi'.

The moment when you try to get yourself engaged with any activity that interests you and is creative by nature, you get yourself into a gradual process of finding creative solutions for doing any activity which may make it easier for anybody to get or achieve the desired goal and make life smoother. For instance, consider a software programmer. All day long the job of a software engineer is nothing but just typing the code in to the computer (this is the limit of my knowledge about software engineering) but likes to cook. If this person is at his home one fine morning and he comes to know that the milk has gone bad and it can no more be used to make coffee or is not consumable anymore. He will immediately put it on the stove on a simmer flame and can make nice curd from it if possible (There are certain conditions for doing that. Hence I used the term 'if possible') otherwise may keep it boiling till he makes tasty "Kalakand" from it.

Here if you see, there's no relationship of the individual's profession and the situation before him and yet he has made everyone a nice, tasty and delightful sweet dish (Again it depends on the condition that I mentioned in chapter 3 about Information), but along with this he also makes everyone happy and makes them realize that he is a person people would like to be with. He made everyone in the room recognize him. And once you get to understand this feeling and experience the same for the second time, you will try to find more such ways so that everyone recognizes you and feel like being with you. This eventually leads to inculcating a habit of exploring new ideas at every situation. However one should not neglect the fact that this is a gradual process and also has two different and opposing dimensions. One, the individual makes it a priority to keep exploring new such ideas to win people while neglecting the importance of the day to day activities for his existence, his official work for instance. And two, the individual strikes the golden mean between the two (it's my observation that people who really intend to do something great, give less, yet quality time, to their hobbies and interests and the quality of time they give to their hobbies is far better than the quantity of time spent doing that activity and that makes them feel better and comfortable at any situation) and thus gets success in their professional as well as personal life. Such individuals gradually inculcate the ability to understand and find the exact way outs for any situation they are stuck in. And this is the very thing that keeps you away from getting into a self-destructive activity.

4. By getting involved into something creative gives you the capacity to get on and off at any time

One of the most important habit of successful people is that they get on or off easily. For some people it takes some time to get their mood changed. But what I've seen is that successful people change according to the situations as they come. This change however is not in terms of their character but the in terms of the immediate treatment to be give to the person they are interacting with. You might have observed that a person especially a small business owner or a general store owner, while having a conversation on a phone call talks angrily when the work that he was expecting is not done within the time frame he expected to, yet the very next moment when he is talking to a customer sitting next to him, whose task at hand is pending due to the delay in the job completion of the one person he had a phone call with, the business owner speaks softly and humbly. This, one may call a professional need of any business where one needs to shout on one individual for any miss or any mistake done at the work place yet he needs to be humble while talking to a customer for the sole reason that in this country, 'customer is king'. Some say in our country customer is our life, some say, 'in our country customer is god' and all that blah blah blah... Moral of the story everywhere is the same, and that's, any business is nonsense if there are NO CUSTOMERS at all. Just think it to yourself for once, what would you do if you start a business, and have no customers at all? How would you expect to grow and carry your living?

But that's not restricted to business only. Imagine a situation where you are doing a job and you have no superior to guide you. You're honest, loyal and dedicated to your job, working on a specific project your team just got or you just joined that company on a team member level and you come to know that you have no project manager. Just give it a thought and then try to visualize what would you do in such a situation. Of course, many would get panicked, some may wait till the management dose something, few would try to understand the concept all by themselves and act as guided by their instincts but rarely such people are found who understand things so quickly and present themselves as if they were in to that process for a long time and are capable of handling the responsibility of the project manager. As I see it that's how interviews are conducted. The interviewer tries to analyze and figure out only one thing, and that's, "Whether you are capable to take this responsibility for long term, or not".

Handling responsibility does not only mean that you will do your job in your working hours. It also involves doing your job in the most efficient and the most effective manner. Business houses usually try to get the optimum from their employees and that too at a fixed amount of per month expense usually known as, "SALARY". The employee on the other hand tries to give his best as he or she also wants to grow in career. This is the point where there's always a quarrel between the top management and the staff and this is also the same point where an employee and the management, both need to keep a cool head. If the employee is not careful enough then the management will not hesitate to kick the employee, on the other hand, if the management is foolish, they either may lose an excellent and an ideal staff member, or the worst case scenario, the employees will start doing unacceptable practices in the business premises.

This usually appears to be the overall behavior of almost all the business organizations. The staff keeps fighting with the top management and the top management almost everywhere tries to purge the voice of the general staff. But at the same time they both also need to keep their sense of responsibility on high alert, so that their work should not be hampered. If it does then the situation may be against either of the parties. Here the importance of your daily activity is at stake where there's a huge need to keep yourself calm. But how?

As I mentioned previously that it's a gradual process, once you start getting into a certain activity other than your personal or official tasks, you first need to focus on what you are doing, which essentially means that you should leave your personal and official stuff out of your mind, at least for the time when you are doing that activity. You need to shut all your personal and official matters and open your eyes, ears, mind, all of your senses for just one thing that you have decided to do. For example, if you decide to learn how to play a flute, you need to switch off the WORKER mode of yours and switch on the MUSICIAN mode. For the first few days when you actually start your practice, you will not even remember your name for a few seconds after your practice is over (condition : you have full involvement in whatever you are doing and trying desperately to learn and do what you like to). Despite the fact that this feeling is only for a few moments, may it be for a fraction of a second, it's so full of an unexplainable satisfaction, the very few moments where you are unable to recognize even yourself. Just a feeling of a never before experienced, divine serenity. But once you get back to yourself you act normal within an hour. And not only that, but you also could experience the difference between your state of mind before and after the practice. You would feel greatly fresh. Here you could experience the difference between the situations, after and before, learning the ability of getting on and off at a certain moment.

How will it help me in my career or my personal life? Ideally this should be your first question after all this. But dear reader, please imagine a situation. You are on your way to a seminar or a lecture where you yourself are the guest speaker. You worked very hard to prepare for that presentation and on the very day of your presentation your neighbor happens to hit your vehicle by mistake and refuse to pay the compensation. Oh dear god... this is something you never included in your schedule. You have a heated discussion and lose your temper. The discussion goes way beyond anyone's control (including yours) and suddenly the thought of the presentation strikes your mind. You get a hold of yourself and try to avoid getting further in to the matter, and start your journey towards the venue. The loss caused by your neighbor keeps poking you at all times yet, you can't ignore the decorum of the place where you are standing. You can't just keep shouting in front of the audience. You need to settle down before your speech starts. In this situation you are forced to keep one feeling of yours aside, the recommendation is obviously to temporarily purge the feeling of anger and being a calm person who, people would like to listen to.

I urge you to please observe people around you. As I mentioned earlier, a business owner would talk in a rudely manner, dominating his employees, but as soon as he faces a customer, no matter if the customer is a rich or a poor person, he'll be humble and polite while talking and also he would suggest the customer what product may suit his requirement even if it isn't what the customer seeks.

Some of the taxi or cycle rickshaw drivers on the other hand if provoked once they tend not to get a hold of their temper even on one small disagreement, may it be on 'who shall win the cricket match', or, 'will Dhoni complete his century or not'. Believe me respected readers; people could fight on anything, irrespective of the quantum of the issue or even its nature. The reason being that they have never inculcated or understood as to what exactly means to get on and off (here is the moment where these people successfully differentiate between importance and priority but, in a wrong way. They know that their relationship with each other is important but they make 'satisfying their EGO' their priority). As I mentioned earlier, a person can understand a thing well if that thing is experienced, and vice versa.

Thus one can feel and understand the need of this quality of getting on and off according to time, situation and surrounding only and effectively implement. If one can experience this very thing, which could only be done, if you have a strong observation or by doing that thing yourself and not by just me telling you through words. Again there's a part two of the same concept. And that's, "The Ability to Get 'On' or 'Off' <u>at the Same Time</u>". Many times we feel so annoyed that our anger gets almost impossible to be controlled. But even the slightest change in our voice may cause a big misunderstanding. At this point the only thing one needs is at least a minute to get some hold on him or herself. At this very moment we are required to say something or do something so that the situation becomes, if not favorable, at least not against us. You might as well consider the sentence "Let the ball be in their court" in its literal sense here. It simply means not to keep the headache with you, let the other party deal with it. But this however is, in some cases may be avoiding responsibility, in some cases it may be like transferring some headache to someone who is not at all connected with the fact in issue (this may be out of intention may be, or a malicious one or hard yet important one). But if the same thing is done against you, what your reaction would be? At that point one needs to understand, the need to answer in such a way that the next person should not return back to you or back at you with a lame, foolish reason.

For example, a colleague of mine in one of my previous organization was assigned a task to assemble a certain number of computer systems till the day ends. I was very keen to learn about this. So I asked the colleague to assign me some tasks, which he obviously refused as his character was of showing that I am the boss and others must follow. I was then sitting idle watching carefully how he does the assembly. Suddenly the director of the company came and asked for some good reason for I was sitting idle. His voice was sarcastic and a bit angry as well. I also got hurt for I had to listen to those words without being at fault. But I had to keep calm otherwise I would've lost my job. I simply replied, "Sir, since this was a delicate task and was to be carried out by expert hands only, I was advised by the other colleague to just watch and observe but not to even touch the stuff".

Getting on or off is a quality which an individual may learn through practice for a considerable period of time. It also can be inculcated in the best possible way in the childhood as in the life of any individual childhood is the only phase where you have a lot of time and sufficient curiosity to learn things in the best possible way you can, and inculcate them. Perhaps this is the reason why children ask so many questions and more questions for all the answers. This is the only time when you don't lose anything, even if you lose something or commit mistakes, it adds up to your skills, knowledge, understanding, experience and sense of responsibility by way of understanding the correct solution.

The most important thing about getting on or off is TIMING, which obviously one can learn through time, situations and development of senses about the surroundings. No matter who you are, whatever your status and/or your age is, wherever you work, you need to keep one thing in mind that you must know <u>how, with whom, how much, where, when and why to talk</u>. Anyone who has mastered this quality, for sure can win anything, as it is rightly said that words are powerful than swords. But this also has another dimension. A state of the art upgrade and that's, 'words guide the swords'. Actually this concept has been in existence since the inception of mankind.

Any weapon is just a tool, a media. It's the desire of the hands holding the swords, guided by the words or concepts dwelling in the mind that determine whether the sword is raised either for delivering justice or just to satisfy ones blind and selfish intent. Considering this, we can easily distinguish that if, not only swords but any weapon, if held by a terrorist, it will do nothing but spill the blood if the innocent. But on the other hand if the same weapon is held by a soldier, it will always be protecting people from any harm. A soldier when holds a gun, he will never hesitate when he fires a bullet on an enemy of the state or a terrorist, but if the same gun is held by him even in a firing stance, but on a civilian, the same soldier, he will never fire unless it's extremely necessary. Even if he fires, he will try his level best, never to hurt any innocent person (consider the situation in Kashmir where the general populous provoked by the extremist terrorists produces more and more violent youth by misguiding them about religion and yet my Indian Army brothers tend never to hurt them). But for this he has to make a choice on whom to fire. If it's a civilian his gun will get return to the holster, but if it's a terrorist, the very next moment he will fire a bullet. However this kind of an act demands a certain level of understanding and maturity.

Try this out for once, try to laugh, just once when you are badly feel like you should cry or even at the time when you are actually crying. This subtlety of starting some activity while you are doing just the opposite is almost impossible for anyone in the beginning. But this, if one could experience this just once in life, getting on and off would be just a piece of cake for them. Thus making yourself firm, confident enough to face any situation even if it's like, 'against all odds', you'll be capable to change it in your favor.

5. Lastly and most importantly, it gives you the ability to think in a different way

Any individual, who has understood the concept of getting on or off, develops different patterns about looking in to things, not as they appear to be. We all have heard the theory of positive thinking and the most common line among all the motivators, "Every difficulty is an opportunity in disguise". Everybody has this line in their minds, but how many actually act or walk on that path, which is the main question. That reminds me of one video of an American soldier, Jocko Willink. He was there in the Iraq war and has earned lot of respect for his actions there. As he said, "when things are going bad, there's going to be some GOOD." He explained in that video how you can say 'good', no matter what the situation is. This may be a way to explain the meaning of positive attitude. If anything happens, the nature of the meaning, you draw out of it, defines your character. In his own words Jocko Willink says, "Think of every single moment that life has given you, as a gift. So when things are going bad, just think that there's going to be some good. You got injured, GOOD; you can get a break from the training. Didn't get the high speed gear you wanted, GOOD, you could keep it simple now. Your mission got cancelled, GOOD; you can focus on other things now. Didn't get the job you wanted, GOOD, you can now get better experience to build a better resume. Got tapped down, GOOD, It's better to tap down in the training than to tap down on the streets. Unexpected problems, GOOD, you now have an opportunity to figure out a solution. If you can say the word GOOD, it means that you are still alive, you are still breathing. And if you are still breathing, yes, you've got some fight left within. So get up, dust off, reload, recalibrate, and REENGAGE". I could easily understand the words as I knew the language yet I couldn't realize the actual meaning of those words (mere understanding the concept is not enough. It should also be realized in order for anybody to understand and completely inculcate it in order to successfully implement it in life) for the first few times. (yes, I had to listen to that quite a few times to understand the concept) Even now I'm not certain if I've inculcated it completely. Nobody can understand a concept completely unless that very concept is inculcated and implemented by an individual in his or her life.

That reminds me of our chemistry teacher. Once she told us in our class about positive attitude and positive thinking. She said that a person needs to be so positive in life that even if the watch stops ticking he must confidently say that even if my wrist watch is not working properly, it still shows the correct time twice a day. Being kids, we just laughed at it and failed to understand the greatest teaching that could have changed all our lives a lot earlier. But as the saying correctly explains by itself, "Nothing can be achieved before time and more than destiny". That actually doesn't matter much now. As again a nice saying may console you. "Once you're up, just say 'Good Morning'."

Life, not always, gives the opportunities to everyone expectedly. Usually opportunities come in very small packages and in some disguise. It's our responsibility to understand, identify and grab it within the time frame we have. Thinking in/from different angles gives a person the ability to analyze everything in different ways and allows the individual to understand the core of the situation and grab the opportunity, for unless the disguise is taken off no one can ever understand the existence of the opportunity within it. For instance write the number '6' on a piece of paper and make someone sit next to you. You will see the number '6' but the next person will see the number '9'.

That was an old example, however we did not realized it then. Consider another example. We all are aware of the most favorite and perhaps the most commonly known concept to almost everyone, 'what would you say, if you are shown a bottle of water which is "half empty?", or, "half full?" Would you drink water from it?' Of course as we know everyone will have the same answer that the bottle is half full and we could drink the water inside that bottle. But please ask yourself, what if the bottle is flowing in a sewer? Would you still drink the water inside it? Even if I convince you that the water inside the bottle is good and healthy, would you drink that water? What if it's a bottle of wine? Yes the adults would enjoy saying, "I feel lucky". But what if the same bottle of wine is found hidden in a small child's school bag? How far is it acceptable to you? Another dimension to it, What if you find a bottle of liquid poison half empty, somewhere hidden in the kitchen of a five star hotel? Would you be still saying that you're feeling lucky?

These are all different ways in which any person may think. But the main question is, "Do we?" That was indeed some very negative example of the concept.

The following example was given to me by one of my trainer's long back when I was an insurance advisor during the Unit Linked Insurance training. A man was sitting in the waiting area of an airport awaiting his flight. Since he had nothing to do for a fairly long time, he bought a packet of chips from the store nearby. Shortly after, a man came and sat next to him and spoke, "hello, you waiting for the flight too?" The man replied in affirmation. The other person again spoke, "Oh, your luggage looks just like a copy of mine". The man replied nothing and started reading his newspaper. The other person took out his book out of his basket and started reading. After some time the first man who did not want to speak much, picked up a packet of chips out of the bag and opened it up. The other man immediately put his hand in and picked a couple of chips. The passenger was shocked. How on the earth this man dared to touch my stuff without my permission? The man had no problem if the other person had asked for it, but still! After reading the newspaper a bit, the man again took a few chips from the packet. The other man also took a few chips out of the packet. This was not acceptable at all. "It was my packet of chips", thought the man, "I bought it out of my own hard earned money, who is this man to take them and eat as if they were his own property?" Still, being a calm and social animal called 'The Human', the man allowed the other person to have a few more chips. As the time passed, both the men were reading a newspaper and a book respectively, and eating chips simultaneously. The man who bought the chips was focusing less on reading and more on the other person, as he was picking handful of chips at one time, and not only that he also was asking his companion to take more. What was that for? The temper of the first person who bought the chips was at its peak, when the time came for the last piece inside that packet. The man who bought one packet of chips took out the last piece, suddenly the other person grabbed that last piece from his hand, broke it in half and shared it with him. Once he had that last bite he got up and started walking, for his flight was getting ready to take off in some time.

The man still sitting was waiting for his flight to arrive at the designated place. He was thinking about the other man. How mean, manner less, and nonsense he was? The other man. A few moments later, when his flight was ready, he took his bag and found that he had his packet intact right there in his basket. He actually picked the packet from the packet of the other passenger's basket!

Here you could imagine how the situation could've been different. A man who initially appeared to be manner less, arrogant and selfish, was now a well cultured, humble and so selfless that he actually shared half of his last bite.

Imagine a situation where your computer has stopped working (I chose this example for this is my business activity to earn my living) and you call a computer hardware expert to look into it. Again, depending upon how honest your hardware engineer is towards his professional and personal ethics, he'll give his suggestions. Of course there are several ways in which your computer could be repaired if there's no need to buy a new hardware for it, but the engineer must be honest enough to give you the correct solution. He may, suggest you to purchase a new hardware even if the older one is good and make profits or he may repair your PC and may earn less money and more respect. The point here was not about the business tactics a person may implement, but it was to let you know that the mindset of an individual may give out ideas or way outs for a certain specific issue for some specific need to be satisfied. But this also is governed by the 'me', and hence I'd say that mind is a great weapon, if we know how to use it. Irrespective of the use of one's mind, the main point here is about the development of the ability to think in a diversified way and draw out as many way outs as possible, in such a way that if one fails the other will surely work even if it doesn't, at least you'd not lose any respect. Thus allowing you to be able to think not only differently, but also out of the box as well.

This activity of stress bursting keeps you focused on whatever you do. Thus when you are at any work you can do your tasks at hand with enhanced efficiency, allowing you to decide what things are important and what are more or most important. Once you get a firm grip on the activity of deciding and distinguishing your tasks in accordance with the gravity of the combination of their importance and priority, the rest is just a piece of cake. Once the correct sequence of all the activities is designed you may easily move on to your next step, which is working them out. Here every individual is tested on the basis of his dedication towards his or her role played at every aspect of life. May it be the work place, household tasks, maintaining personal hygiene or anything wherein there's the individual is personally involved, irrespective of the extent of involvement. This is the point where one should be careful in getting things done as they are designed. When that is done it's the time for your rewards. It may be recognition from your superiors at your work place, or an improvement in your relationship with your partner.

Moral of the story, it's a step by step journey towards the goodies we expect to ACHIEVE (I desperately used the term achieve instead of 'get' as the activity of getting something may, sometimes not involve the efforts one needs to put in to, actually get. While achievement is the byproduct of the quantum of efforts we put into something to actually get or reach out to a predetermined objective, with a specific goal in mind).

Thus you may easily get a clear understanding of your responsibilities and your priorities. But the main question is that how far do you inculcate and implement it, for unless one inculcates the concept one will never be able to implement it anywhere. Thus you may now be effectively able to ask yourself, 'What my 'ME' wants me to do now?

But, returning to the second part of human personality that I mentioned in the beginning of the chapter about the slow poisoning to the overall personality of a human being and death of a character. Let's discuss the topic once again that we discussed in the beginning of this chapter. Being human we tend to live in a society. Thus eliminating the element of being with other human beings, would make a person highly uninterested for all, lazy and self-centered. Such people become so disconnected from the world that they develop the mindset of being unwilling to do anything for others or mentally unstable. This instability leads to either of the two possibilities. One, they become depressed or they become violently destructive. And this leads to slow poisoning to the basic character of such people. But how, lets attempt to understand all the possible reasons and answers as to how could we avoid getting ourselves or our loved once out of it.

Once if a person is denied the right to believe in something he or she thinks to be fabulous, it hurts that person right at the very point of the emotional depth of the attachment to that concept. This situation could be compared with the state of a dam on a river. Just like a river dam holds greatest pressure at its bottom, the pressure of our emotional attachment with something or someone lies at the bottom of one's heart. Everybody tend to wish for everyone's recognition, acceptance and events to happen according to their thinking. This acceptability of ones wishes that one expects from others lies at the bottom of the heart. Anything adverse may lead that person to convince others to believe, becomes the top most priority of that person. Just like a crack at the bottom of a dam leads to a great disaster to lives of every living thing that comes in the way of the water flow, similarly if the shock of rejection not only makes a person push his limits, but also violently aggressive to pursue his goal. This is the very point of extreme emotional mind which if totally denied the belief in something great that none other could have ever imagined, if denied, totally breaks that person to such an extent that he or she loses all the hopes from him or herself. The loss of faith in others could be regained through hard work, but the loss of faith in one's own self is way too much difficult for any person to regain. This is the time when a person starts losing everything gradually. First, the deal that person tried to get by putting in 100 percent of his or her efforts, but... Then that frustration leads that person to lose focus on the other tasks that person has at hands. This causes loss of other stuff that could've been better if that same person could have been just a bit attentive. That causes loss of focus on other tasks and so on and on. Just like dominos. This one condition, just one small condition, 'if that person could've been a bit attentive…', actually builds up causing the person to lose confidence about ability to do anything and adds up to the doubt on the ability to focus on, even about the smallest thing possible to people around him or her. This building up of the negativity causes tremendous losses to that person, people around him, and mostly to the society, as, 'he did not do (again) what he could've, if he had been a bit attentive.….'. This loss not only causes the society lose one of its best part, but also causes slow poisoning and ultimately the death of whatsoever good character that person had.

The greatest problem with the majority of the youth especially the teenagers today is that they don't have patience. They have lost the ability to face the challenges that life puts before them. Mostly four common reasons exist for any teenagers to spoil their lives. Love (infatuation actually), academics, insufficient sportive spirit and last but not the least, the luxuries that others have. Some forty – forty five years back, the youth not only was united, but also was morally strong. Those were the days when people used to play actual games making them sweat in the bright sunlight, thus making them physically fit and healthy. Those were the days when people respected each other and there was an atmosphere of harmony and brotherhood. Now in the present, it feels painful to see the youth wasting the time and health in the virtual reality, which takes a person away from the reality and makes an individual weak from within. The current trend of violent computer games had already caused lot many casualties in the many countries. A recent example of such nonsense is the 'Blue Whale' game on the smart phones. Why was the necessity to knowingly play a game by the youngsters that could end their lives eventually? Lot many school children, who didn't even knew what life and death is, died from this silly game. One girl said no when proposed, the boy commits suicide. One lost a bet with a friend, a girl commits suicide. A student couldn't get good marks, committed suicide. What is this nonsense? Why the parents are so careless about their children? Just because that infant is not letting you do your job, give that child a smart phone with a cartoon video on and keep your mind focused on the job. Your child wants to talk to you while you are talking to your boss on pone, just turn on the television set and play some cartoon, so that the child stops bothering you. Why do you expect your child to care for you when you get old and you need someone to care for you? You have no right to say that your child does not respect you. Did you do your duties towards your child with honesty? When your child wanted to learn new things and wanted to learn them from you, were you there for your child? What did you teach them instead? All these questions are the core reason that made the current generation act without any logic, without any sense. 'Love' today has become a simple give and take relationship, if I am to talk in harsh language. Parents raise their child so that the child will take care of them.

But if you respect the child's curiosity and teach that child everything that he had the right to learn at that age, your child will in return, respect you in your old age. Parents are the first for any child in the hierarchy of respect. A child cannot live without his parents in the infant stage of life. And if at that stage you deny support to them they are forced to be self-dependent, but it also takes them away from you. Gradually they start realizing that their parents don't bother what their child is suffering, or what their child wants. They are nobody for them. The time when your child needs your attention, unknowingly you tend to turn your back on them, thus the child gets into things that are not good for his or her growth, mental or physical. And when they feel like they are in some trouble they have one thing surely embedded in their mind and that is, 'NO MATTER WHAT' their parents are never going to help them out as they usually tend to throw something at them as if they are saying, "take this and stop bothering us". That is the first time when a child thinks that he is all alone, and that he cannot trust his or her own parents (why would such a child trust anybody from the outside world?). No matter what, the parents will not come for help. Instead they will stand against us, this is the only feeling that a child has and is left with no other choice than committing suicide.

Consider for a moment, a child who has some talent. It may be vocal, academic, intellectual or any other dimensional. The child creates something by putting everything into it and then suddenly understands that his or her creativity failed to make others realize the importance of what that child believed in, to be divine and that is the greatest blow on the personality of that child. It actually does hurt them in the real time, but it also starts to show its other effects gradually.

According to me the most difficult task for any person could be to get a hold of the emotions after losing something that could've been the last hope. Children in their early age don't understand the volatility of the world around. (Ideally) they are protected by their parents till they are capable enough to support themselves. This is the crucial period in the life of a child that every individual has to go through. Life here could be easy, could be hard could be tough and rarely, but yes, it could be so devastating that the individual goes up the wrong and violent way. I'd request each reader to please, consider sitting alone for an hour to think about it. Each day, each moment and each situation usually comes with only two choices, 'yes' or 'no', 'to' or 'not to'. Try to remember and tell yourself why you are you? Why you cannot be somebody else? What made you, what you are today?

When a child comes to this world, there are no thoughts, no language and no attitude in the brain of that child. All the things that a person learns, understands and tends to implement are based on the decisions, choices, the outcomes of the decisions or choices and personally liked aspects of every individual respectively.

Normally every individual has only two choices in the beginning and those are yes and no. If a child comes across a situation where someone offers a piece of sweet, the only decision that could be taken by the child has just two options either yes (the child will take the sweet), or no (the child will not take the sweet). In that situation if the child takes the piece of sweet and likes the way it tastes, leads that child to learn a new fact about the world that is if anybody gives you anything, you should take it. If that child does not like the taste, then it's a new lesson to not to take anything from others as they give only those things that I don't like and there starts the trend of rejection to anything which anyone other than their parents have given to the children. After a few months, the parents of the same child give them something that others have given to their parents to be given to the child, the child initially refuses to accept it but after little persuasion they take those things. There the child gets the second lesson as to take only those things from others that the parents have approved after examination. Then comes, the third lesson where the child actually attempts to analyze for the first time, as to what specialty that thing has, that made the parents give it to the child. The child may think, "Is it only because it looks good?

I don't think so. Does it have a good color? Oh, who cares? What if I taste it? Well yes, it does tastes very good. It's sweet. I like it. I will take more of it the next time". The outcome of that research is something that may be silly for the adults, but it gives the child a great happiness that he experiences for the first time. It's the joy of being successful at coming to a conclusion for the first time in the entire life. And that usually we, as an elder, tend to overlook and keep our focus only on the most important thing that matters to us and that's the smiling face of that child and not the reason behind it.

This was just a hypothetical example. But now, let us consider and rewind our own lives and start to understand as to what made us, what we are today? Why a person decides to do a job and not a business? What is the reason few people find their long term goal to be in the success of their business and tend never to be an employee? What makes most of the successful entrepreneurs do some salaried jobs somewhere initially and then proceed to create their own empire?

All the answers lie in the brain of each individual as mentioned in chapter 1. The example of the small child that we discussed just now is the best example to understand the answer as to what and how we are, no matter whom or what we are. I believe that we are a creation of all our decisions that we've taken right from the beginning of our understanding till date. The process of evolution is just like this. Every child comes to this world with a blank mind. Then, after the child becomes capable enough to understand the meanings of the happenings, the brain of that child learns to analyze almost everything. There starts the process of evolution. One random incident teaches that child something, then another, then another and so on. Please note here that, for the time being of the childhood, the gravity of the lesson learnt is not of much importance, but the number of lessons is, at least for the initial phase of every individual, childhood that is. Now, one thing everyone would agree that every human being is facing different issues. Not necessarily the issues faced by different individuals must be different, but some may be facing situations which may be a combination of two or more issues. In such a case, the behavior of individuals facing different issues also brings about the changes in their attitude. At some places the home environment could be happy whereas the same could be tragic in some other home. Eventually the kind of attitude that a person faces and the level of stress, happiness, joy, sorrow or anger, whichever mood that individual tends to be in (it is however immaterial whether that person wants to bring that same feeling or mood to home or not), also carries the same (to certain extent depends upon the importance given to love for family members or the gravity of respective ego) to his or her home place. Since these situations differ from home to home, causes variations in the situations faced by different children. And thus causing difference in the direction of thought process, resulting in deflection of track for making choice between the available options and compels a person to make choices found to be reasonable, but creates slight variations in the growth of the personality. And all similar deflections, one after the other, cause creation of a different character at different places.

According to my observation, children tend to deflect from what their parents are expert in (I mean, not in terms of their occupation but in terms of their character or behavior). Thus, as much as I've observed, some (not all) children of aggressive people are too soft hearted and kind by nature. Whereas children of kind and soft hearted people are sharp minded and possess the ability to fool anyone. Again, please note that all people are not the same. The choices made by such people in due course of time about the decisions, make them different one from the other. There may be people who may have some nasty qualities, yet they use them for the betterment of the society. Not always such theories are correct, but yes they could be observed everywhere in the world. This phenomenon was analyzed by Indian saints long back, thus came the saying in the Marathi language, "Vyakti titkya vrutti", which if literally translated, means number of people, is equal to number of natures (number of natures, in terms of behavior and maturity, is equivalent to number people). In other words, 'every person has a different personality'. No two personalities are the same. However which one to be inculcated, is in our hand.

It is another aspect that a particular child makes some decisions and becomes one personality, it is very difficult for such a person to be something that he or she could have been, had he or she chosen to be a different personality. This also depends upon a chance that almost every person gets at least once in the entire lifetime. Let me give you an example. It's a real life example that I've known. Long back a dacoit named 'Valya' lived in a jungle. He used to kill people take their belongings and provided for the basic needs of his family. Once a saint 'Narad' crossed his way and Valya threatened him to kill unless the saint agreed to gives up on his belongings. The saint Narad requested Valya to let him go for he had no valuables at all. But Valya did not listen. The saint, after a long debate and discussion, requested him to ask his family, if they were ready to share the sins that he had earned by killing innocent people passing by. After lot many requests, the saint promised Valya that he would not move an inch unless Valya comes back from his place with the answers of his family members as to who would share the burden of sins that Valya had earned. Valya went to his home and asked everyone in his family, his children, his wife everyone. But all gave the same answer. They said, "It's your duty to provide for our needs as you are the head of the family." Valya got disturbed and returned to the saint with a broken heart. Then the great saint Narad taught him the facts about the laws of the divine and that transformed Valya and he was later known to the world as, 'Maharishi Valmiki'.

Moral of the story is that we make the choices as to what and how we want ourselves to be. But, should we choose to change ourselves we can change ourselves. But that of course requires tremendous will power. Changing ourselves by our overall personality, means we need to change our character which includes our behavior, our way of communication, our lifestyle, everything. But that again means that we first need to unlearn what we've been learning till the moment we decide to reform. This reform is achievable. All we need is just a positive push from within. And we may protect a good character from its death.

Depending upon, again the same 'ME' that decides every single act or move of yours and plays a crucial role in your day to day activities. Yet, the most important thing is to cling on to whatever you have, against all odds, is the only way to prevent your basic character from its undeserving death. However, if you later come to understand that your earlier character was way too much on the path of incorrectness, then the responsibility to kill your old character becomes your number one priority and the second and the most important priority to learn, understand, inculcate and implement effectively, the correct way. And while doing so, you tend to stand face to face, to your ex close people, habits or environment and at that point the final decision of choice between, the extent of your authority and importance to your priorities, falls on your shoulders. You could either put an end to all your previous bonds, just to maintain the sanctity of whatever you think you've inculcated, leave in peace getting unharmed or you could take some risk, get along with them and nudge them gently towards wisdom and prevent others from suffering the brutal fate that you did and save their character from a gruesome death. Teach them what you have learnt, understood, inculcated or attempting to implement, within yourself (the ways may differ from person to person). Whatever decision you make at that moment that is again, the inner voice of your 'me'. And that's it where either of the two gets birth within you, a cowardly cat, or a brave saint. But, whatever you chose, you have to kill the other possible choice that could have been a designing element of your character.

I do understand the negativity of the word 'kill', but I also request all the readers, please think about it. These choices were made for you only and no one else. Should you choose to go with one choice the option to change the decision is dead, lost forever, never to be changed again. It's just like the moment, just gone. You will never be able to celebrate the new years eve of the year 2000 once again in your life. Thus while taking any decision we need to be careful, especially about our character, ourselves, for we sure don't want the correct 'me' to die.

Time For Rhyme

How to Die

People don't realize where they lie.

I don't find a single reason to lie.

By speaking the truth, later even if I cry,

But I will decide, on my terms, how I die.

What we see around is only sadness and sorrows.

It affects the most to the one who only borrows.

Unlike the rich way of the erstwhile Ferro's,

I'd love to die, facing swords, cannons and arrows.

Otherwise at the face of death, people only cry.

Wisely dictate all your terms and decide how to die.

I never think about the bad days I've seen,

Nor think of the people with me, who were mean.

Experience made me grow like herb from a bean.

And some day I know, my future will be clean.

It's none but me whose efforts will make me fly.

Then I won't regret even a bit, if I die.

Things are divine, if blood has patriotism.

Situations turn in moments, despite any criticism.

Greatness is there, when a soldier shows
humanism,

And that's the real attitude to keep peace and
communism.

May any situation come, I'll never lie.

That's how I define my terms and decide how I die.

Authority and Corresponding Responsibility

As I believe, it should not be a big thing for any of us to see some people around us who only shout for their rights. For them, what they deserve is of immense importance regardless of the responsibilities they have. Some people go to watch a movie and then behave in a very unpleasant manner causing inconvenience to others. Yet their attitude is of a king, as if they are always correct. It never bothers them that they might even commit mistakes sometimes. This kind of an attitude could be found in all the classes of human beings, may it be the high society or the middle class or even the lower class. One may see a poor person giving out something or helping someone free of charge, yet we could also see that there is no scope for bargaining for the price in the shopping malls where the business owners are already wealthy yet can't even afford to give a discount of even one rupee and that too on some commodities that are actually unworthy of that price. We could also see that children of people living in slums becoming gangsters or even worse, 'Criminals', on the other hand we may see people who have lot to live a lavish, luxurious life with and yet they jump into something they think they must do to benefit the society, something worth doing for the society, something worth living for the fellow human beings. This attitude of doing something 'Worth Doing' is again the byproduct of the personality of an individual trained by the 'me' in of that person. This attitude of doing 'something worth doing', according to some people, is limited to themselves only. To some it lies within the boundaries of their family. But only to a few its meaning involves the whole world (typically known as saints). In other words I am referring to something that I mentioned in the very first chapter that whatever a person does is for his or her own satisfaction and no other purpose. The saints do what they do because they like doing social work. They like giving everything they have for the betterment of the society, to maintain peace and harmony within the society and fraternity among all the members.

The criminals on the other hand like to satisfy their ego, by committing crimes or by not caring about others while satisfying themselves. For criminal profession is almost the only profession where one can get everything he or she wants through a shortcut and that too within a very short span of time (but with the eventual cost of their lives, social status and their trustworthiness). Yet their attitude, I think we all know how they are. No regret no remorse, no guilt of spoiling somebody's life by doing something wrong to them. Some would call this a mental disorder, a psychic problem. But it may be seen as the case and a subject of 'Absence of Sense of Responsibility'.

I know that the law allows me to carry a weapon (provided I have a valid license) but that doesn't mean that I should stand on a street and shoot a person I have a difference of opinion with. As it's rightly said in the movie 'Spider man', "With great power comes a great responsibility", every person has some or the other role to play in this world. All must agree with the fact that Uncle Ben was sure an intelligent man to advise Peter Parker in that movie. I do know almost everyone in the world who happened to see that movie must have enjoyed the action, the graphical representations, but not remember the line, I just mentioned now. Even if some people could've had these lines in their minds, most of them mustn't have realized the meaning of it or attempted to implement it. This line is so important that the very foundation of our society depends on it.

We just keep on abusing the superiors that they never listen to what the subordinate's say, what they want to do their jobs effectively. They just know how to yell at others and that's it. End of the story. In short people just want to portrait their superiors as the greatest 'Hitler' of all time. We not only tend to curse only the superiors about their attitude when we are on our jobs, but also the surrounding environment at times, especially when we are not in a cool mental condition. Consider for a moment, what is the need for all of us to curse the traffic police when all the road ways are blocked, say if an accident has happened and we are in a great hurry or when the prime minister of a country or any VIP is coming by the road? The only reason according to me is the value or the gravity that particular individual has created for himself. This value or the gravity is so high that the nation as a whole cannot afford to lose that individual if it wants to function and grow well.

We often misunderstand the concept and speak something that actually may not make any sense, or rather, it should be pointless to say this things. These gossips may include this statement in the first place, "What on earth went wrong and this headache needed to come to our locality now?" However, we fail to understand the fact that, he or she is not going anywhere for some fun. These people, these so called VIP's are given these privileges for some reason. They are at some position where you are not. Just because their privileges cause some trouble to us we cannot or rather we should not criticize them. Yes inconvenience is caused to us but just like the necessity to sustain the pain of an injection in order to recover or get rid of some disease. Likewise we should see this inconvenience with a similar view. This VIP or the politician, who comes to visit your town, is there for some important reasons that cannot be shared with the general public. Here, the term 'General Public' itself isolates the VIPs from its scope. Certain facts cannot be shared with the public in order to maintain the secrecy, security and most importantly to prevent that information from falling into the wrong hands.

Like I mentioned previously about the lines of Uncle Ben, every person in every organization has some or the other responsibility. But in order to justify their responsibility they try their level best to prove themselves. However this is the point where it is most important, for the person in charge in any organization, to maintain the equilibrium between the scarce authority that he or she has, the job satisfaction of the subordinates and the satisfaction of his or her 'ego', in order to maintain a healthy work culture in the organization. This perhaps is the most important duty of any person in charge to work peacefully (unfortunately, not all superiors understand this for want of their ego satisfaction).

I've worked in many organizations as an employee and I had many experiences, some good some bad. Some were my worst days that I spent serving in that organization. In some companies the superiors were ready to help the subordinates like myself, off the track and just the opposite in another MNC. My intention here is not to demotivate some part of the employee community, but just to give you an idea, as to how people may behave. We're surrounded by all types of people and it's our responsibility to distinguish between them. Also this is my message to all the superiors in all the organizations to please treat your subordinates with respect. If you give respect to someone you'll get the same in return. If you do not, you would be energizing one or more people to make other people have bad opinions about you.

It is common sense that, anywhere in the world everything is based on something that gives some strong footing to it. But if the foothold is week, the establishment is destined to fall. This concept is applicable everywhere. In companies, in politics, your colleagues and even in your home. In any business establishment all the parts of the company are important, however, the most important part of the establishment is the ground troops or the field troops. Those who need to do the actual field work and/or deal with the general populous while doing their jobs. If the employee is happy and content, he or she will not only think, but also work out of the box for the company. But if the employee is unhappy and frustrated then the scene might just be very dangerous for the company. If the staff is unhappy, they either may tend to compromise the secrecy and confidentiality with the competitors or may exploit the inside info for their personal gains. But, by this I really do not mean that the employer must behave like a humble servant with the employees. Strictness has to be there, but my point here is that this strictness should not be monotonous or frustratingly harsh, making the employee feel like leaving the job and join the competitors or become one. If this happens then, either the problem is with the company or the employee is highly unworthy to be trusted. But under any situation the fault is of the company only, as the company and its recruiting team had recruited a wrong person.

That reminds me of the basic concept of the 'Double Cross' program during the second world war, which is a landmark example of this concept. The erstwhile British appeared to be the best example of the concept. The German army sent their spies in the allied territory to get the information and infiltrate their borders. But the British caught them and instead of torturing or imprisoning the German spies, they bribed them. They offered the German spies lavish rewards. Forcefully making the German spies think about the choice of decision whether to join the allied forces secretly and live a lavish life or die a painful death. To which their choice was very simple and obvious. They chose to be a double agent. Now here if we think in an ethical sense, yes what they did was absolutely wrong. But if we think logically, we may easily understand that a dictator like Hitler was somebody, none would like to work for, with whole of their hearts. His only mistake was that he was over strict. He could punish his own soldiers for even the smallest mistake. Sometimes the punishment was death. Even the ground troops must have thought for once about the injustice of Hitler (but this is my personal thinking according to which I have a fair reason to believe in the great success of the Double Cross program). Similar could be the situations where a person can compromise with the professional ethics unless there is a fair reason to sacrifice personal gains.

A question was asked in chapter 1, 'Why and where the feeling of patriotism has lost?' it may now be clearly understood and answered by anyone. Authority is only a small part of the designation that a person holds in an organization or in family. But think for a moment, 'what if a person truly considers his or her organization as a family?' Could it ever happen?

Usually all the living species tend to prove their authority, but the authority is not given to one, mere on a whim. Gaining authority demands the ability to carry it and also make the group grow well. This ability comes from the results of the preparation that one has been doing, when put to test. Here, if your preparation for any specific thing, person, event or exam is not good enough, you are going to fail for sure. But if you're well prepared, ready for any situation, you will win, NO MATTER WHAT. Once you prove your capability, (ideally) nothing can stop you from gaining the authority. But being (growth oriented) human, the greed never ends and you try your level best and aim for the next achievable level. But, if you've understood clearly the vision and mission statements (most of the organizations or groups have their vision and mission statements just for having fulfilled the basic formalities of being a group) of your organization you tend to work for the organization and its goals. This feeling of being content comes from the work culture in an organization which is designed by the people in that organization.

Once you become happy and content, you stop to think about your growth in the career and only focus on the task at hand. Slowly it makes you forget the greed for growth and makes you walk on the way of truth and loyalty. This loyalty causes the individual to become selfless about the group, first and then, after the loyalty is inculcated completely in the character of a person by prolonged exposure to selflessness, builds up the mindset to take the right decisions for the right causes, which indirectly could be correlated with the ability to consider work place as a family, thus making a person think and consider the work place like a family and work out of the box for the group or the company, wherever the individual is (Whatever I just mentioned does not mean that the growth oriented people do not work with loyalty. They also have loyalty but they are bound to fly away if at all a better opportunity comes).

But that's not all. Any person, no matter wherever he or she is working, if is happy and content, also develops a habit of letting things go. A small mistake by the subordinates commit, actually does not matter much to such people. They coordinate with the concerned subordinate and get the things rectified.

This is how these people make effective use of their authority and carry out their responsibilities. Unlike them some characters presume to have been born in the skies with a golden spoon in mouth could never understand this and tend to bully the juniors. Some of these people are so wise that they do it in such a way that the next person thinks as if he is totally on my side. But eventually fail to win the trust of the colleagues and lose the faith of the subordinates, eventually losing faith in the organization or group and ultimately causes loss of faith in humanity. I just hope that the answer to the question of losing patriotism could be answered if we replace the example of a company and the employees with that of an army and its soldier who loves his motherland so much that he is more than happy in being on the border defending the nation, rather than being at home (by this I really do not mean that others who are not at the borders are not patriots, but I intend to urge everyone to respect their level of patriotism).

I leave the rest of the picture unclear for you, the readers to figure out. For I personally think, that it is again the inner 'me' of everyone that makes the decisions for every action and that gives a person, a fair reason to choose death over defeat of will or vice versa.

Time For Rhyme

Rewards and Responsibility

Human beings have got huge ability.

Still not everyone can earn immortality.

But to give my name a glorious eternity,

That's my reward and also my responsibility.

I've seen many people running in vein.

Only a few people can use their brain.

See that in life you never get lame.

Teach people to live life just like a game.

Achievement is something that has no durability.

But maintain your position is your reward and also your
responsibility

May be you've lost many things in your life,

Losing to a lion won't make you one of the mice.

Nobody knows what comes next time on the dice.

In your life someday, to everyone you'll be nice.

Time has now come to prove your ability.

And that's your reward, but first your responsibility.

Challenging Your Limits and/or Pushing Yourself Beyond Limits

It has been a worldwide observed phenomenon and almost everyone keeps saying so, when it comes to claim something useful to them. And that phenomenon is, 'what's more'. It actually forms a part and parcel of your character, the extent of your desires and/or expectations for, from and about any specific thing or any specific person. You could desire for a ton of goodies as a gift to you from the exhibition in your neighborhood which may be luxurious and costly, you could also desire for a dinner invitation from the president of your country, wanting to know your opinion and all possible solutions on the current situation of the country. One may wish to become the chairperson of the world's most profitable company and so on. The fantasies are never ending. But as we all know that living in such a dream world never helps unless we show some respect for those dreams, also some courage and not only decide, but also to actually start implementing things up on our way to the dream destination we think we deserve. But there is a limit of efforts that we put in for this. This limit may be physical, financial, or legal, it may be anything.

If we look at the lives of all the successful people in the history or even in the present, we could find one thing in common for all. And that's the hardcore determination of never giving up. The 'Will' to change their world (again the same term from chapter 4) "NO MATTER WHAT" As it is correctly said that any desire is absolutely nonsense, unless backed by a concrete motive, from within, to make something happen. Here, by the term 'concrete motive', I don't mean just a fair reason to do something, by that I mean a combination of an affirmative intention of both, your mind and your heart. That is, approval for all the reasons to do that thing by your conscious, the willingness to go up against all odds, and the ability, backed by the willingness, to take efforts for it till the end. But the extent of one's determination decides and also designs the level of involvement of an individual in a particular activity.

This again gives rise to another question. How could one decide the degree of a person's determination? Again the answer is simple. The level of interest of an individual decides how much to get involved in to any specific thing, any specific person, any specific activity or any specific goal. For instance, if I'm commerce graduate and I have more interest (and skills as well, the reason being, mere interest without thirst for implementable skills is almost nothing different from daydreaming. Also, here the term 'skills' include the willingness to learn something new about something, we are interested in) in computers, say hardware, software, networking and mostly in hacking! I urge all the readers to please consider this example for one minute and then please give me one reason, just one good reason to justify the need for this guy to get admission done in a commerce college and after completion of the degree, work in a commercial environment as an accountant or at any similar level. Please consider thinking on it and then continue reading.

I can give two reasons. One, the guy is not financially sound to join some engineering college, making him unable to expend the money essential for the projects and the college fees. And two, the parents of such individual are so confused that they cannot take proper decisions for their child, they just listen to other people and let their child join some commerce or arts college (I really do not mean to say that arts or commerce streams are bad. This statement was just with reference with the example mentioned, and no other reason). The child also, out of the guilt of securing less in the exams, especially in the subjects of mathematics loses not only confidence but also faith in himself or herself. This is the first step of any individual to get into a trauma or a psychic mindset of being someone 'some less' to the others in a particular aspect, which we commonly refer to as the 'Inferiority Complex'. Some on the other hand take things too much personally and on the grounds of their "lawful" (for them and them only) ego they just work so hard that despite all odds, they succeed. But in either of the ways, this is <u>the most important as well as the most volatile point that determines the fate of your child</u>. Here, if the child gives up on his or her wish to become an engineer they carry that burden throughout their life that they failed themselves to prove their worth. And this one small incident starts a long and almost never ending series of failures and creation of a self-blaming attitude among these children. On the other hand if the child goes up against all odds and proves the worth of the efforts put in, then he or she earns everyone's respect and proves the faith in his or her dream was truly worth taking risk for. Such kids usually develop the attitude of risk taking and decision making, of course since they proved their worth and also their potential to take risk and the efforts to make sure, whatever they say, they will make it happen, No Matter What. Thus not only they become more and more confident every day but also they earn the faith of everyone else knowing them about decision making. However there is again a different possibility of that kid getting over confident and if that over confidence builds up, (from chapter 4) the scenario of transformation of pride to ego begins. Prolonged habitualness to success is the key to make a person lose his pride and inculcate ego.

On the other hand, despite taking all the hardships and all the efforts if the child fails then it actually brings them on the verge of destroying their faith and confidence in themselves for an unknown period of time. No matter how many efforts you put in to transform them in to a happy human, I assure you the child will never let you know that there exists some guilt, some pain, literally just some pain which may be unbearable but still, must be suffered by the bearer all by himself or herself causing them to lose more and more faith in themselves every single day. Plus the kind of treatment given to them by the outside world is of utmost importance. If such a person has good social circle that could be creative and trustworthy and comforting atmosphere around that person then it may prove to be a bit helpful, otherwise, the almighty god is the only savior of such a poor child.

But in any case the most important thing is that the individual, in any of the above mentioned examples starts walking on the path of his or her mindset. If they acquire confidence and faith in themselves from the adverse situations, they start developing the attitude of never giving up and trying to prove their entity in every single activity they do. While on the other hand those who lose their confidence and faith in themselves, their mindsets tend to refuse any motivational instructions, may it be from a video lecture or from parents, friends or concealers. But again here is another gimmick which is fairly hard to understand. As mentioned in the earlier case, those who stand up against all odds and prove their existence tend to develop a character full of confidence but, gradually, if not diagnosed and controlled within time, it starts getting transformed into over confidence. Since in the childhood all the good things that we are taught always by the elders (it is however a different matter that we sometimes fail to understand and implement them) are taught in a sequential form. In the beginning we're taught that "we 'should do' this we 'should do' that", later when we grow a bit up, we discover the elders saying, "when you grow up, you 'would do' this, you 'would do' that. At the time of the actual action the inner voice keeps pushing us saying, "I could do this. Yes I could do this." But once a person gets enough confidence as I mentioned in the first example, these people tend to say just one word, 'DONE'. Irrespective of other circumstances, this 'done', is not always helpful. And the only reason is that, such people do not, rather, they fail to, understand where and how to halt. They develop the tendency to refuse to stop their greed for appreciation and keep on. On the other hand those who have experienced the darkness of losing faith in them, try not to fall back into the same pitfall again, and keep a slow but smooth going towards their goal. Throughout their journey they try to be cautious, always, so that they do not suffer heavier losses.

But the most beautiful part of this could be explored when both kind of people experience an unexpected loss. Here is the true test of people's guts, their character, and their attitude to sustain the loss and get a hold of themselves. The confident people who always win with a very less resistance, lived their life with a never to give up attitude (I appreciate this attitude but here I am just giving an example of defining what actually may happen during unexpected chaotic situations in our lives) tend to fall hard and not only that, they fall so hard that it becomes difficult for them to get up back on their feet once again. This is the point in their life where they fall even below the other category of people, who try to do things with caution, always surrounded by fear of losing and going slowly towards their destination. These people are slow because they always try to find new ways to keep themselves alive, protect them from further harm, meticulously prepared for such unexpected shocks to be in the game. Entire life they live in fear of getting pinned down and doubt their own capabilities, gradually understand the correct way to question their abilities by exploring all the possible ways of fall, recovery and victory. Yes, I actually meant what I just said. They understand the 'correct way' to question their abilities. We often feel annoyed or insulted when we understand that someone is questioning our abilities, but this is not the correct way to say or understand things. As it is rightly said by a great Marathi saint, Ramdas swami, "Nindakache ghar, asave shejari", which if translated means, may a critic live in our neighborhood (difficult to understand but has a deep meaning if thought properly on it). This means in its true sense that if a critic lives near you, he or she will always find what's less in you and once you understand it you have a great scope for improvement. If the critic again points out something less in you, you correct that and so on. A day will come when there will be no point for the critic to find anything less in you.

The same way, if we have a tendency of not listening to anybody else, why don't we become the critics of our own? If we learn, how to criticize ourselves, we'll learn how to correct that thing and/or how to not repeat the same mistake again. Criticizing ourselves includes both, evaluation of the activities done by us from the view point of a third person and two, questioning our abilities pertaining to certain tasks, which if we find that we cannot do this in the current stage, we prepare for it and once we are sure that we're ready for the action, we jump in and reap desired achievement. The correct way to question your abilities will neither let you feel down nor will it let you fly with false and/or baseless confidence.

These people who live in trauma for a considerable period of time unknowingly and gradually learn to get a hold of their selves and then refuse to surrender to any similar trauma may be of a bit higher gravity, they thrive to survive. They either develop a habit to calm themselves after a tragedy or they get so habitual to traumas, that it hardly bothers them.

Being a successful person for a fairly long time makes a person lose his or her ability to sustain the failures. The way this fact is true that, unless a human experiences pain or sorrow or grief or trauma, he or she could never understand comfort or happiness or joy or surprises the vice-versa is also correct, equally. But most people tend to ignore this fact and keep going on the path they have selected without thinking about the other side of the coin.

The other kind of people who have experienced the pain inflicted on them by whole of their world, either are, or become so emotionally sensitive that they take every single incident around them personally. Being human, we have a limit to everything. And when this point of emotional limit is reached or crossed even by just one bit, the outcome is nothing but demise, either of the pain sufferer or the pain inflictor. This reminds me of an interview on a television serial, an interview series actually, on the book titled 'The Art of War' written originally by a Chinese philosopher, "Sun Tzu" where one of the scholars who studied the book 'The art of war' clearly mentioned this statement. "The the men will transform into fierce fighters overnight, if you place them right in the face of death" (My words may not be exactly the same but the meaning is surely the same). As I understood, the scholar said that, if the men are placed in the face of death then they are left with only two choices. One is 'to Die', and the other is 'to Kill', if they want to live. We, the human beings usually tend to cling on to life for as long as possible and put in our maximum efforts (sometimes even more than 100% efforts, what we usually call the extraordinary efforts) in order to live. It doesn't matter to them if it cost them killing the other person. That is the point where that individual is so determined to finish the task at hand and secure his or her own survival or the survival of their loved ones. Here at this point these people push themselves beyond their limits so hard that they even don't realize that they did something way too much extraordinary to stay alive and also accomplish their duty towards something or someone. Here I'd like all the respected readers to refer to the situation discussed in chapter 1 about doing something against the will for some specific purpose and the desire of the 'me' of yours. Here if the desire is to save someone and/or something from someone and /or something is stronger than the personal selfish feeling to stay alive, then and only then a man or a woman is prepared and does something against the will but with satisfaction. This, according to me is the correct answer for the loss of patriotism among the masses, as was asked in chapter 1. If we inculcate and promote love and respect for notion in its true sense, the lost patriotism and brotherhood could be revived.

Please note that here the point is, not to finish the task at hand, but achieving the desired goal, which is of paramount importance. The task at hand constitutes only a small part of your goal and many such similar tasks at hand are just the steps to achieve the ultimate target.

Human beings are blessed with one very special quality of doing certain things which are beyond their limits. However, this kind of an act requires some special conditions.

1. The goal should be clear.

2. At least, one good reason to justify the act to your own self.

3. The ability, possibility and strong desire to do that thing.

4. Surety of completing that act all by oneself, may it be up to certain extent only.

5. (The most important) The necessity to win or get something has to be so intense that one may even consider it similar to a life and death situation.

If the above mentioned points are satisfied, any individual may become almost unbeatable. However, based on the nature of the choices that an individual has opted for in certain specific situations and the combination of all the above mentioned points consolidated together, formulate a new, never before force in an individual.

These situations, where a person goes beyond his or her normal ability to do a certain act could be classified into two categories. One, situations with no alternatives, where an individual is forced to take some specific steps, measures, decisions or actions, mostly done unwillingly (just as was discussed earlier about the soldiers and Sun Tzu by the scholars about his book The Art of War). And two, situations where an individual is in a comfort zone to a certain extent and the adverse outputs are generally feasible. Usually these actions or steps are not against the will of the person carrying out those activities, may those acts be connected directly or indirectly or not connected to the fact, material or person in the issue, at all.

In the latter case, the individual usually calibrates the abilities and/or attempts to improvise, without any burden of desired output. While in the earlier case the there is no such comfort zone at all. Here a person is forced to do certain acts, mostly unwillingly and with no alternative outcome but to reap the expected output only. Here lies the difference between the two great concepts where a person is not only required, but also does something that is actually out of the capability of that person. These great concepts are similar by character but different by behavior. These are, challenging your limits and pushing yourself beyond your limits. Many times we do come across some examples where an individual does something's which are highly unacceptable in the regular or routine life. It either could be overwhelming or exceptionally silly. If it's a silly mistake one can expect heavy stingers, as the same, is way much below the bare minimum expectations of prudence principle. But if that act or that decision is exceptionally overwhelming then human beings usually tend to dismiss that unless they personally see or experience that incident all by themselves. Such actions are usually an output of a never before firmness in the stand of an individual for doing a certain thing.

Challenging your limits, as I mentioned earlier, involves the element of comfort (irrespective of the extent of comfort). The actions are usually willing and the outcome of the actions, usually does not really affect anyone adversely in the daily routine. For example if a lady thinks that she needs to reduce some weight she will decide to reduce the daily food intake to some extent. If she is convinced that she is capable of living even by consuming 75% of her daily food intake she may try to reduce it to 70% or even less (depending on her will power). Here the lady is challenging her limits for the desired goal of reduced weight. Here you may observe that (even if this is just an example for me, it the truth for many people I don't even know) the decision or that act of the lady involves all the five points that I mentioned above, yet the same lady is in her comfort zone. If she feels she cannot handle the hunger any longer, she could just go to the kitchen and may have a small unit of anything consumable. Some fruit or a fruit juice, anything. Her mind is allowing her to go for it. Her actions are completely willing and without any force. Also we could notice that here the lady is capable of achieving the desired goal to certain extent all by herself. Here the lady is challenging her limits to see if she could go a step further than the earlier. Even if she fails to go a step further she could get control herself at any point of time if she feels uncomfortable. She is in total control of the situation.

Well, as far as the other part is concerned a person is not much in control. The person needs to do everything but within some limit. For instance, a person is experiencing heave body ache with high sugar level and also a patient of heavy blood pressure. Doctors usually tend to recommend control over eating habits, exercise and weight control to such people and if they are overweighing and the situation gets a bit critical, the recommendation transforms into a compulsion to do some exercise. If you ever happen to meet a person with the above mentioned features, you could easily guess that, he must be having a ton of restrictions on his diet and also on his routine. In this case the concept of weight loss is compulsory from the doctor's point of view, yet it may be optional from the patient's point of view. But again if the condition is very much critical, then only the patients tend to listen to and act as the doctor instructs (no matter what). In such a case the person has to get up early in the morning and work out a bit with no comfort zone and no scope to get a hold of him. The action of getting up early and working out is completely unwilling (of course if the person has lived his life a bit carelessly and if the sun rises up way too much early for such person then getting up early in the morning has to be a very painful task for him. Also, had that person been habitual to the exercises and a healthy routine, such trouble would've never caused to him). The goal is clear for the patient that he needs to get rid of the trouble that this excessive weight has caused him. He has minimum control over the situation and yet has no scope for failures and the only outcome is the lost weight and a good health for him. Here the man is pushing himself beyond his limits.

Yes I do understand that both the examples that I just mentioned above are hypothetical. The real life example of challenging and pushing beyond limits is of a soldier. The soldiers of any nation, they keep on challenging themselves. They challenge each other to test their own muscle. They train each and every day to stay fit and ready for any battle situation at every point of time. They evaluate their own abilities and try consistently to not only maintain their current strength but also to increase it. They keep on challenging their limits every day. But when the time comes, they don't hesitate to sacrifice their life for the safety of the nation. History is a great witness of the situations where the soldiers had not more than two choices where one of them was to run, hide and save their own life and the other was to die and change the scene of the battlefield from a losing to a winning military force during war. Also during war it's the soldier who suffers the most pain by the injuries not only on the body but also on the heart. It is indeed a very tough call. Either you use your weapon and kill a lot of people or don't use your weapon and lose a lot of people. That's war. This is the most inevitable fate almost every soldier has to go through for at least once in his entire lifetime. Yet the life of a soldier is not only limited to this but also the soldier has a duty to forget the loss of countless comrades, friends, brothers and carry on with the duty on his shoulders. Participating in the victory ceremony of the armed forces in that war after forgetting the terrors one had to go through, that is something you could understand only if you were a part of it. And perhaps this is the only reason why learned and wise people would agree on one thing that you will never know what true happiness, warmth of love, joy and celebration is unless you know, what sorrow, pain, loneliness and tears mean.

This example of a soldier that I just shared is indeed (according to me) the best example of both the concepts challenging the limits and pushing beyond the limits. Challenging one's own limits is not a great deal if you are determined to improve your skill set. But pushing yourself harder beyond the limits is indeed a great deal. Going through some pain, experiencing the terrors of an unthinkable incident and quickly just forgetting everything (getting one mode off and the other mode on, Chapter 4) and participating into some ritual, some celebration or some social activity, that is something, that definitely requires a rock solid heart. It's not an ordinary human's job. This is pushing beyond the limits at its extreme.

I do understand that it is not the platform for me to share my feelings for the armed forces of my motherland, but it is however my moral duty to let everybody know what it takes (according to me) to be an armed force personnel (not only for of my motherland, but of any nation). Although I think that this was the best example to explain the concept. I apologize to all the ethically dignified armed forces in the world, if my way of presentation was improper or if it lacked proper respect regarding any of you, in describing the life of a soldier.

Getting back to the topic now, not everyone gets to understand what his or her limits are. Some take plenty of time to decide their limits about and for everything. Some people learn it through experiences. While for some the term limits is defined by someone other than themselves. Once if we know what our limit is we will start working into that only but if we never know what or where our limit is we will be either on the lose for any predator or could also prove to be not only useless but also tremendously horrifying figure for the society. And knowing the situation, the duty to challenge the limits and expand its scope or enlarge its purview or to push beyond the limits even if it costs anything, falls on the shoulders of the individuals respectively. These extreme situations where an individual is forced to push beyond the limits also impose the weight to decide whether to compromise with the personal ethics or the professional ethics. It is here at this point one need to ask, what is more important, the personal ethics or the professional ethics. The decision to compromising with professional ethics or compromising with personal ethics usually doesn't give a second chance to alter the decision. Once the decision is made, it's irrevocable along with a time limit, within which that decision must be taken. For example, a civilian is hiding in the bushes between the cross border firing and the situation is clearly against the forces of his motherland, yet he has an option to completely destroy the enemy forces by one heroic act which may (or may not if smartly and properly executed) cost his life. Or he could decide to use that very opportunity to run and save his own life and let the armed forces of his own land perish. Here in this example if the individual decides to save his life he may be doing a cowardly act, but he proves to be a very smart opportunist for saving his life (although it is a different fact that he will never be able to forgive himself for the losses of the countless lives on the border, he could have saved and the loss of his freedom that would be the eventual cost for not supporting his own troops when needed, by taking a great risk being a civilian). But on the other side, if that same man thinks wisely and executes that one action smartly, he would be doing a favor not only to his motherland, but also to his countrymen and mostly to himself (who knows if a civilian gets a medal for the bravery he showed when needed in his life time only). If we think over this example carefully, it's not the duty of a civilian to risk his life to save the defense forces, it's just the opposite. Here the individual is not at all compelled to take the decision to push himself beyond his limits to destroy the enemy forces and add something to the victory of his motherland, but again, it is his and only his choice whether to go for it or not. Nobody on this planate is capable enough to make somebody do something. It's the choice of that individual and his choice only (whether it's willing or otherwise) but the decisions are made by individuals and if we just understand what our limit is, we learn to live within that limit, without going off the track, it's the time when we start to analyze, understand and live a successful life in its true spirit.

As I mentioned earlier in this chapter, the extent of challenging or pushing of limits, depends completely upon the level of interest of an individual in that particular topic. I've seen many people who are doing their jobs just because they want to take a certain amount of money to their home every month. They are not much connected with the company and its interest. Some people also have taught me, "Never love your company but always love your job". This statement is difficult to understand and even more difficult to digest once understood (at least for me, for it's been my practice to love the company and the job both). This is usually the final scene of a company that only understands the language of money and profits. These companies usually have no concern with the ethics (professional or personal), the kind of work culture within the organization. And that is the main reason why the same company performs or gives out only 'just above the bare minimum expected' results, not healthy or satisfactory results. The reasons are corrupt, uninteresting, tedious and lenient atmosphere in the work place. Yes, I do agree that many of the entrepreneurs would surely argue that the culture they have maintained in their work place is very much healthy, and people like to work there. No issues, but if there's a single person who works there for the sake of only salary then either there is a problem with the employee or there is a small loophole somewhere in the company policies which are affecting at least one of the staff members.

The reason I pulled the issue of a company is to explain the situation of a person challenging or pushing his or her limits willingly even if there is no personal gain by doing so, in a better manner. The world of business may demand discipline and procedures at all the level to certain extent however, the moment these rules of discipline and procedures transform into dictatorship and red tape protocol then it becomes highly difficult to keep or maintain the level of dignity of the company which is based on honesty and loyalty in the staff. If the staff is happy, they will work for you with pleasure, but if the staff is loyal also, they will go and work off the track for you. This is something I personally believe in. I have not found one good reason as to why in the period when the wars were fought with swords and crossbows, the civil population were either under a constant fear of the regime or so loyal to the king that they used to actually worship him like gods and prayed for his long life. Why the same scene could not be found today. Yes I do appreciate that there are still some career oriented people in this world of ours but why they work so hard to prove only their existence? What makes them feel that they must perform more in order to achieve maximum numbers and earn more and more incentives? Apart from this category of people there should be only a hand full of staff members that works for the better growth of the company, not others. The answer for the question that I asked in the very first chapter about the lost feeling of patriotism in today's generation could be found here, as the roots of the very nature and cause of the concept lie here in this chapter. As it is rightly said in Sanskrit, "Yatha Raja, tatha Praja", which if literally translated, means, 'Like the kings, like the subjects'. If the employer understands only the language of money, the employees follow the same. If not so, somebody please let me know just one logical reason, as to why should an employee work for more than the predefined working hours without any remuneration?

As I just mentioned that challenging the limits is willing and for any activity may it be working for the company by doing overtime for the benefit of the company or working hard to save one's job, in both the cases there is a similarity which decides the extent of efforts put in by the individual in order to achieve the individually desired goal with no influence (saving one's job may be an influencing factor but here the need to determine the necessity and priority is if more importance) from anybody. If the atmosphere in an organization is healthy at the top management level but, if the same is not the case with the lower management, then there is a conflict between the lower management and the ground level workers. This eventually results in difference of opinion among the ground level troops and the top management as the ground troops tends to look at the top management through the same view as they look at the lower management. In such a situation working out of the box is never a part of the main agenda.

Considering this situation, if we now come again to the individual level, the top management has to think just like a dictator and might also wish to just fire every single person in the company who is guilty for non-productivity to the company. The ground level workers on the other hand start thinking like a revolutionary and might wish to replace the top management by their own people so that they will bring reform to the working conditions of the fellow workers. But we cannot neglect one fact that there could be no revolution out of this. The people, who are at their place, know more about the methodology and the working conditions at their designated authority. Nobody else may understand the depth and its details about keeping some part of the company's internal functionality confidential (same concept of a VIP from Chapter 5). However, the way if this is true that the lower management and the ground staff should understand the reasons why the top management did, whatever it did, the same way it is the responsibility of the top management to maintain the work culture. For it's only a matter of mental state that makes a person decide 'to do' or 'not to do' a certain activity with honesty. After all nobody stops working. However it is the choice of the individual to push or challenge the limits to work "FOR" or "AGINST" someone or some thing or some group.

Time For Rhyme

It's Not Over

The world is enough for me to cover.

But I'm running low in power.

As long as a lion is able to roar,

The jungle must know, it's not over

Many of my dreams washed away like clay.

But I didn't stop the game that I play.

I look at myself throughout the day.

I pray, let the plants flowers, even in May.

I will prove one day that I'm a warrior.

Until that day comes, it's not over.

In this world not everyone is nice.

Only after night, the sun can rise.

In game of life, the player must be wise.

Be ready always, to be used as dice.

Learn to keep things nicely under cover.

Until you're victorious, it's not over.

Joy must be there wherever you stay.

Never stop the efforts to search a ray.

Keep in mind, freedom never comes in a day.

Lead everyone, and prove what you say.

The moment you prove that you aren't a joker.

Until that time, it's not over.

CHAPTER 7

Personality, Definition & Dimensions

By now I believe that we must have discussed analyzed and understood a few aspects of human tendencies and the determining factors (decisions to be specific) of individuals that give birth to the 'me' in everyone. Yet the other term that needs to be discussed is the "personality". We often discuss with other people about the behavior of a certain person, his or her behavior, features, special abilities, and attitude towards something, someone or some kind or group of people. Personality is similar to a food recipe to certain extent. Just like any food item consists of the ingredients like salt, pepper, some spices and any other contents, likewise a personality is a combination of many different ingredients. These may be the attitude, the tone while communicating with children, with middle aged people or with elders, the way of thinking, the sense of humor, the sense of responsibility and many more. All these ingredients are there in every human being but just the difference in the intensity or the gravity of these features makes one person different from other. Many times we say that this one person is like somebody else. But no matter how hard could anyone try, none could find all the same characteristics in the other individual. Yes, there could be some similarities between two or more individuals, there could also be a quality less or the other quality more, but no two persons could be equal to the each other. And so the meaning of the one Marathi saying, "Vyakti Titkya Vrutti" (Chapter 4), could be understood and observed worldwide.

The term 'personality', I think it is difficult for me to define it properly, for in today's scenario, the definitions of the term personality differ from person to person. Every person has a different personality. Also all the individuals have different expectations and perceptions about the personality of another person, which makes it difficult to put forth the concept in one sentence. The dictionary meaning of personality is, 'a person's distinctive character', which is very much correct, indeed. However, (according to me) to certain extent, this definition is also inappropriate. The reasons being, difference of opinion and difference of interpretation of one personality. The same is also accompanied by the fact that the views of one's interpretation and opinion with those of the others, which again pulls us back to the 'me'. For example, if a person is found arguing with some other person, a person who has never been with that man would say that the man is very much rude while talking. But the other person, who has known that person for quite a while may say that he is a very straight forward person. Here in this very example we could at least attempt to understand the very concepts, the difference of opinion, of two different people, about the same person and the difference in their interpretations for the same incident.

As discussed in chapter 1 an individual's personality is the byproduct of the views, opinions, and thought process of that person, which are designed by the choices or the decisions that they have made on a consistent basis, for the situations faced by them. We all must be familiar with the term 'muscle memory', if we repeatedly do some act for a certain number of times in the same way, our body gets habitual to that movement and after some time our body acts on its own without any instruction from brain. That is the base of the term muscle memory. But, muscle memory comes later. This is the basic functionality of the brain. Just like an activity if repeated several times, the body inculcates it and then works on its own when that same movement is required to be done. Same is the case with the thinking ability of the brain. If an individual chooses to decide and thinks in a particular way only for a prolonged period of time, then that kind of thought process, that state of mind, while doing that particular activity, becomes a part of the very basic character of that person, which is usually understood and commonly known as the mindset and that's the reason what makes a person thinks in the same way as the mindset is. This gives birth to the term 'difference of opinion' between two individuals, as the mindset of one person is different from that of the other person. It may be about any particular thing or person.

This thought process, this mindset of a person labels the surrounding people for having a specific type of personality. For instance a healthy person will classify people in mainly two categories, weak and strong. On the other hand a studious person will classify people in two categories, intelligent and stupid. This kind of a classification of one person may be different for different individuals. Thus make a person restricted to one particular dimension only. Some people develop academic interests in childhood, some are attracted by the entertainment industry, some find the martial arts interesting while others find social service much more important. There could be any number of personalities and the classifications of other people, things and incidents as one looks at them. But the main subject to focus on is why it is so?

The answer to this question is already discussed in chapter 1. Children are like blank slates. It is the duty of the parents to guide them and help them understand things. However it is the choice of the child how he or she wants to understand and implement it. This constant process of choosing and deciding as to which option to go for at every stage, every lesson of life that we learn and these repeated choices make our brain think in that one direction only. May be this is the reason why even if a person is doing something innocently, the police officers are bound to look at it to be suspicious. Since the mind is trained to think in that one direction only and not the other way, causes a rigidity of the overall thought process of a person, causing the individual to be judgmental about (usually) one aspect only and puts a restriction on the scope of thinking of that person.

The personality of an individual starts developing after the child gets birth. First lesson for the child is to cry when hungry. The second lesson is to know and understand the faces around them. Third is to start trusting them with anything and so on. The child then starts to walk and once the child learns the language and also how to talk, there the child learns a new lesson every time the infant opens mouth to say something.

Till this moment everybody is the same, but thereafter the situations faced by the children define the kind and the type of decisions they make or how they choose to live. For instance, the family background of a few children is good their parents are rich and could afford anything for their child. The other child who is a part of a poor family and the parents of such children could not afford to feed that child even for the minimum required food supplements. Just consider this situation for a moment. What could be the reaction of the children, after the response of their parents, if they ask their parents for toy or some book or even a school bag (I saw this example of a school bag in a short film)? What if the rich parents of the child give their children, what they ask for and/or otherwise? What if the poor parents of the child give their child, what the child asked for and/or otherwise?

The answers to both these questions are difficult for a common person to imagine and understand (as it is usually considered that common sense is very much uncommon in common people). Here is the actual starting point of the personality development of the child. Every situation that an individual faces, may it be a child, an adult or even a senior citizen, the answers to that individual again puts another options before that person to choose from. The human tendency is designed like a tree diagram as shown in the following diagram.

We could see that in this diagram, an individual is in some situation and has two options and only one option could be selected as the most suitable solution in that situation. If a person goes with option 1, he or she again needs to pick one of the two options at the next level and so on.

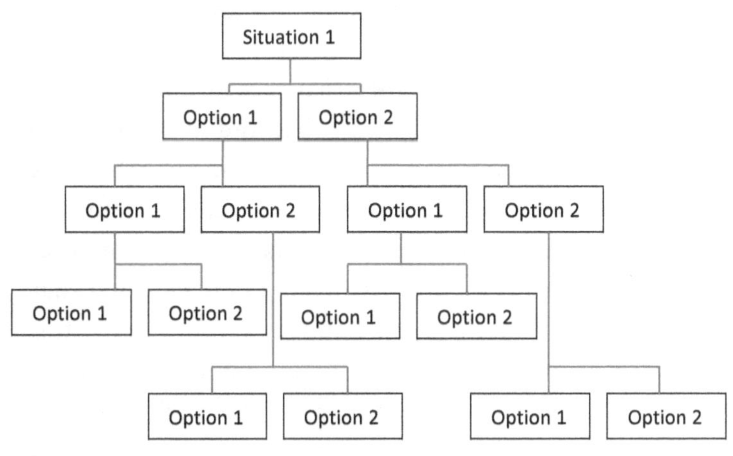

A tree diagram showing the way in which a child goes on deciding what to do and further options to choose. Once the decision is made then there is no scope for alteration of the decisions. Similar trees exist for as many situation one faces.

To elaborate this diagram, let us consider an example. An infant has no feelings no knowledge, no memory absolutely nothing. The first task that an infant does is crying. This is the first lesson that infant learns. The next lesson starts when the baby learns or understands the faces near who feed the baby, keep them clean. As the baby grows up it starts recognizing his or her parents and stays with them only and takes whatever the parents or the known faces give. Here the baby has learnt the second lesson that the known faces are the only living things in the world. Later on when the baby meets a new and unknown face, that baby encounters something out of the scope of its world. Something out of the base of the previous logical experience and since that face is unknown the baby refuses to go to the new face and also refuses to take anything that new face has given. But when the baby observes that the parents or the known faces are giving me something that new face has given, that baby attempts to get habitual to the new face, but that too is a very slow and time consuming process. After some time when the baby gets completely familiar with the new face, that new face is then added to the scope of the world and after that gifts and food items are acceptable by the baby. In the next lesson, when the child comes to see a lot many new faces then it becomes difficult for the child to accept that there could be more people in the world unknown to him or her who now have come to see the baby. The child then, with great confusion, accepts whatever the gifts are given and, if you observe that during this phase, the small eyes of that child are continuously looking at the faces of the parents, just to understand if all these new faces are known and trustworthy to the faces known to the child. With great efforts the child then understands that there are more living things other than the limited faces known to the 'me' of that child. Gradually there begins a learning phase of that child and also there starts a fear of losing the attention of the known faces. Here I am desperately using the term known faces because the child of that age cannot understand the meaning of the terms mother, father or parents. Then the child slowly starts accepting things from unknown people, but in the initial phase of such decisions, whether to take anything from this unknown face or not, every child looks into the eyes of the known face holding that child in hands and accepts that thing only after there is an approval to accept. Thereafter when the child learns to speak, which is a very fascinatingly new discovery for that child, the baby keeps on talking a lot, keeps asking a lots of questions and the curiosity for everything makes them ask more questions for every answer given and here starts the second phase of the personality development of that child because here is the phase, where the true dependency of the child for mind development, on the parents starts. Starting this point the way parents answer the questions asked by the children, determines the actual mental growth of the child.

This is only an example of just one situation experienced by a child, where the child has to decide what to do and what not to. When the child decides to go on with an option, then the logic for choosing an option becomes the base for next choice and then starts that child's thinking process about the available choices for the next situation. Once the choice of the logic is done, then it is neither replaceable nor alterable. Once a choice is made, it is final. There's no turning back. And then taking the logics learnt and used in the previous situations, the child moves on to the next one. These differences of the choices for multiple situations helps building a base of the thought process of the infant and a collection of many of such logical bases makes a specific way for that individual to start thinking which eventually designs the mindset of an individual. Gradually when a person keeps following this path, that individual person tends to reject other options or choices available yet not agreeable to the logical base that he or she has been following since birth and refuses to accept all the people, concepts or things which are out of the scope of their respective thinking channel. And eventually designs the character of the human being and so the personality of one individual comes to existence.

Also we must accept the fact that the part of the same logics learnt and used throughout the life, however also makes you an actor everywhere. You actually tend to play lot many different roles every day. Please try to observe yourself. When you are with your friends, your attitude and your behavior is very much different than then, when you are in the office. Your communication is different in home where you need to be a bit casual and not much serious but at the same time you have to be a responsible person too, who still follows the inside home rules. But when you sit in your home and you are with your spouse your style of communication is different. When you are in an official meeting, you give more weightage on listening, while when you are playing some game, cricket or baseball for instance, you tend to make the other person listen to you and accept that you are correct. When you sit with a toddler, your voice accent and your behavior suddenly changes to that of a small child, but when you sit with the elders or your guiding ideals, your tone is full of respect. All these roles that you play are nothing but the outcome of the collection of many such principles that you create and bind yourself with. All your logical choices that do not go off the track of your way of being an independent and individual entity, leads you to decide as to which set of words you should use while talking with one kind of persons and which set of words for the other(s). No matter how harsh a man may be while speaking to a friend, when he stands in a conference room, he has to be a gentleman (at least for the time he is in there). No matter how polite a person is, he or she has to be loud and arrogant when his belongings are damaged by the other person and vice-versa. You cannot talk to your boss in a romantic tone like you do with your spouse (provided you are loyal to your partner). Likewise you cannot talk professionally when you are in a bar with your friends having some drink.

The choices that you make earlier about everything, decides whether you are going to be with a particular kind of people or not. You will not do anything that is not of your interest. But if you observe something of your interest, you will not waste a single moment and at least attempt to get familiar with that person or thing or concept (from chapter 2). But what are the factors that make you take interest in something, anything you like? The answer is right here in this chapter.

By now we've attempted to understand the character designing basics. Now I urge everyone to please take out few hours for your own sake, sit in a quiet place, meditate if you wish, for a few minutes, and ask yourself, "Why I am, the way I am? What created 'me'? Which decisions made me what I am? Could I've been something different? If 'yes', why and what could've been that possibility?" This might give you just some part of your inside nature and perhaps then it would be wise to ask ourselves, Really, Is It 'ME'?

Time For Rhyme

I Am Alive

Gaining something good, demands huge price.

A true human only, can hear the cries.

Tung suppresses muscle, no matter what's the size.

Patience yields fruits, if we wait for the sun to rise.

I think beyond normal, thus people call me naïve.

But inside I know, yes, I am alive.

Getting something big requires real guts.

Determined, if you are, won't have if's or buts.

Losing after hardships, I know how it hurts.

Still not being lazy, you will heal the cuts.

Fighting against the scourge, instead watching it
grow live,

For sure you can say, "Yes, I am alive."

I am tired now, when misery surrounds me.

They advise me, 'let it go', but how could I let be?

I can't hold back and do nothing but just see,

I'd love to die on feet, than to live on my knee.

My methods may be different, the way in war I
dive,

I roar louder than lion, and say, 'Yes, I am alive."